UM OPERÁRIO EM FÉRIAS

100 CRÔNICAS ESCOLHIDAS

Cristovão Tezza

UM OPERÁRIO EM FÉRIAS

100 CRÔNICAS ESCOLHIDAS

SELEÇÃO E APRESENTAÇÃO
Christian Schwartz

ILUSTRAÇÕES
Benett

2013

Cip-Brasil. Catalogação na fonte
Sindicato Nacional dos Edtores de Livros, RJ.

T339o   Tezza, Cristovão, 1952-
      Um operário em férias: 100 crônicas escolhidas / Cristovão
Tezza; seleção, organização e apresentação Christian
Schwartz; ilustrações Benett. - Rio de Janeiro: Record, 2013.
il.

ISBN 978-85-01-09946-4

1. Crônica brasileira. I. Título.

13-1788.   CDD: 869.98
                CDU: 821.134.3(81)-8

Copyright © by Cristovão Tezza, 2013.

Projeto gráfico e capa: Regina Ferraz

Texto revisado segundo o novo Acordo Ortográfico da Língua
Portuguesa.

Direitos exclusivos desta edição reservados pela
EDITORA RECORD LTDA.
Rua Argentina, 171 - 20921-380 - Rio de Janeiro, RJ -
Tel.: 2585-2000

Impresso no Brasil

ISBN 978-85-01-09946-4

Seja um leitor preferencial Record.
Cadastre-se e receba informações sobre nossos
lançamentos e nossas promoções.

Atendimento e venda direta ao leitor:
mdireto@record.com.br ou (21) 2585-2002.

Sumário

Apresentação: Férias adiadas – Christian Schwartz   9

A VIDA É SONHO

Voltar ao passado   17
Blogueiro de papel   19
Ser escritor   21
Dom ou técnica?   23
Uma frase qualquer   25
Sua Excelência, o leitor   27
Stelóvski e a maldição dos editores   29
Não me adotem   31
Traduzindo português   33
Duas questões lusitanas   35
Atribulações de um chinês em Paraty   37
Escritores   39
Cartas, blogues, e-mails   41
Adeus às aulas   43
Crise e literatura   45
O que eu quero ser quando for grande   47
A vida é sonho   49
Viagens no tempo   51
A torneira e a água   53
A primeira crítica   55
Educação pelo cinema   57
Xadrez Renovador   59
As palavras e o tempo   61
Desastres da memória   63
A cadeira de Cleópatra   65

VIAGENS PELA LEITURA

De aviões e livros	69
Razão e magia	71
Leituras	73
Um mundo sem sebos	75
Vendo cinema, lendo um filme	77
Livros pela metade	79
Leituras de desempregado	81
Ficção, realidade e terror	83
O fim do papel	85
A adúltera e o assassino	87
Relativismo e moral	89
Moacyr Scliar (1937-2011)	91

VIDA DE TORCEDOR

Vida de torcedor	95
O dentista coxa-branca	97
Indiana Jones em Brasília	99
Clube Atlético Paranaense	101
Nietzsche, o eterno retorno e o futebol	103
Mistérios do futebol	105
Notícias do mês	107
Notícias de 2123	109

TERÇA-FEIRA

Prazeres da casa	113
Meu carro inesquecível	115
Sapatos	117
Concerto para violino e tosse	119
Ap. 18	121

Fotografia	123
Negócios	125
Ouvindo música	127
Síndrome de abstinência	129
Velharias	131
Samurai de fogão	133
Fugindo de dezembro	135
Lavando louça	137
Pequenas reclamações	139
Uma tarde em Curitiba	141
A Voz e o xará	143
Triunfos e fracassos da tecnologia	145
Terça-feira	147

CURITIBA NO DIVÃ

Como queria demonstrar	151
Calçadas de Curitiba	153
Curitiba no divã	155
Carnaval em Curitiba	157
Frio	159
As duas famas de Curitiba	161
Frio e melancolia	163

DE VOLTA À VIDA REAL

A angústia da opinião	167
"Nós" e "eles"	169
Sociedade e tribo	171
Do Oiapoque ao Chuí	173
O fim do capitalismo	175
Platão e o Enem	177
Memória e barbárie	179

Brasil, Argentina e Freud	181
Quem vai morrer?	183
Teologia e libertação	185
O desejo de proibir	187
O espaço público	189
Um Brasil pitoresco	191
A resistência da esquerda	193
Guerrilheiros e exilados	195
Zelig à brasileira	197
Lula e a mãe	201
Lula, populismo e linguagem	203
Battisti e a geração 68	205
Notas sobre o fim	207
Imigrantes	209
A aldeia e o mundo	211
A nova China do velho Mao	213
A cultura da rapina	215

"FICÇÕES"

A sombra	219
História de amor	221
Notícias do ano de 2139	223
Entrega	225
O livro clandestino	227
Flagrantes de Beatriz	229

FÉRIAS ADIADAS
por Christian Schwartz*

Cristovão Tezza se tornou cronista depois de se consagrar na ficção. E falar em consagração não é exagero: ao estrear, em abril de 2008, a coluna das terças-feiras na página 3 da *Gazeta do Povo*, principal jornal do Paraná, Tezza vivia o estouro de *O filho eterno* — romance que, retrato ficcional da experiência do autor como pai de Felipe, que tem síndrome de Down, arrebataria público e crítica, ao mesmo tempo com vendas estratosféricas para os padrões da ficção nacional e uma carreira irretocável como campeão de prêmios naquele mesmo ano. Àquela altura já autor de mais de uma dezena de livros, entre eles *Juliano Pavollini*, *Breve espaço entre cor e sombra* e *O fotógrafo*, Tezza tinha trajetória peculiar entre os romancistas nacionais: cresceu no espírito hippie dos anos 1960, foi relojoeiro e ator/autor de uma trupe teatral, viajou à Europa como mochileiro na década de 1970 e, nos vinte anos seguintes, consolidou-se nacionalmente como escritor, sobretudo depois da publicação de *Trapo*, em 1988.

Mas foi *O filho eterno* — um livro, aliás, bastante atípico quando se olha com distanciamento o conjunto da obra — que, como costuma afirmar o próprio autor, libertou-o, permi-

---

* Tradutor e jornalista, pós-graduado nas universidades Central England (Reino Unido) e Sorbonne (França), foi repórter da revista *Veja* e da rádio CBN, entre outros veículos. É mestre em Estudos Literários pela Universidade Federal do Paraná (UFPR) e doutorando em História Social na Universidade de São Paulo (USP), com projeto sobre tradução cultural. Professor desde 2002, dá aulas de produção de texto, literatura e pesquisa em Comunicação na Universidade Positivo (UP), em Curitiba.

tindo-lhe dedicação integral à escrita. A partir dali, sua profissão, de fato, seria a de escritor — não mais a de professor universitário, carreira à qual havia dedicado um total de mais de 25 anos. A ocupação de cronista veio como bônus, mas resultou, curiosamente, num novo tipo de obrigação: agora o compromisso com o leitor seria semanal, e não mais o encontro esporádico, sem data e hora para acontecer, da ficção com seu público sempre fugidio; outra mudança fundamental, ressalte-se, foi ter de passar a pensar nesse novo leitor. Tezza, ele mesmo já contou, chegou a flertar com a ideia de ganhar a vida como jornalista, antes de se decidir pela docência. A razão por que desistiu? O jornalismo exigiria investimento excessivo de tempo e talento para a escrita, minando, quem sabe, o escritor em formação.

Agora um romancista experiente e consagrado, a questão não mais se colocava — e a *Gazeta* pôde, enfim, revelar um "operário" da escrita de grande talento. A ponto — justifica-se o título desta coletânea — de dar a impressão de passear pelos 2.800 caracteres que lhe são destinados a cada semana no jornal. Alguém poderia dizer: "um operário em férias". A autoria da expressão, mas em outro contexto, é do próprio Tezza — só que ele certamente teria objeções à maneira como a uso aqui. Falo do velho clichê de que escrever bem apenas *parece* fácil. Leia-se o que escreveu o autor numa crônica que ficou de fora desta seleção, intitulada "O centenário do cronista":

> A tese de que a falta de assunto é o filé-mignon do cronista e o estopim de textos brilhantes sobre o nada não é verdade — pelo menos para alguém desprovido de imaginação como este escriba. O velho professor que temia o improviso e compensava a insegurança com planos de aula antecipados a

longo prazo agora se tornou o cronista que sofre com a urgência do texto e o vazio do assunto. É só sair a crônica da terça com um suspiro de alívio e na manhã de quarta ele começa a suar — uma semana de aflição em busca de um tema qualquer que segure o leitor. (*Gazeta do Povo*, 23/03/2010)

Na sequência do texto, o cronista é dramático: "Sobrevivi? — ele se perguntará na eterna manhã das terças, exposto à justiça ferina, implacável e sem retorno de quem não tem tempo a perder e é a razão de ser do jornal — o leitor." E segue narrando a agonia naquele centenário do espaço que ocupa às terças:

> Pede socorro em casa, atrás de assunto: escreva sobre a falta de assunto — sugerem sorridentes, sem levá-lo a sério. Lá isso é tema para um centenário? O Lula, talvez? [...] Quem sabe algo severo: a inexistência da literatura brasileira no resto do mundo — não, hoje é dia de falar de algo mais para cima. [...] Súbito, o estalo: o grande Atlético Paranaense, é claro! Faz meses que não falo dele — mas a tela em branco continua, mesmo com o tema escolhido.

O final da crônica — que, com o espaço que já ocupa aqui, fica sendo a 101ª desta coletânea, e com méritos — é digno de citação integral:

> Os dias se arrastam, a semana avança e os temas voam — tanta coisa para dizer! As calçadas horrorosas de Curitiba, aquelas pedras tortas e quadradas — se fosse chão de terra batida seria melhor. E eu com planos de caminhar diariamente, o projeto frustrado de andarilho. Ou o desejo de passear pela cidade naquele ônibus sem teto de turistas, tirando fotografias, como se eu não fosse daqui. Perguntas crônicas: a candidatura da Dilma é uma espécie de triunfo do velho

Partidão? Qual a relação entre a cultura do shopping center e a violência urbana? Por que o brasileiro é o povo mais feliz do mundo, segundo as pesquisas? "Dunga" é um bom nome para técnico? Tudo para escrever — e nada me ocorre. Esgotado, viro a página. Amanhã recomeço.

Fica claro a essa altura que há certa ironia no título deste livro: tendo passado a sobreviver da escrita, o autor não pode mais se entregar ao ócio de verdadeiras férias — e, consequência, quem acompanha Cristovão Tezza na *Gazeta do Povo* jamais encontrou, no lugar da coluna, aquele aviso que costuma ser a decepção e a irritação do leitor assíduo, de que "o titular da coluna volta em...". Cúmulo da disciplina, nem mesmo o famoso "hoje, excepcionalmente, a crônica não é publicada" alguma vez se interpôs — foram 250 textos ininterruptos desde abril de 2008.

A crônica transcrita acima inspirou também a divisão por temas proposta nas próximas páginas. Tezza enumera, brincando a sério, os assuntos que o tocam como um escritor do cotidiano — além do "operário em férias", outro epíteto possível para o cronista; aliás, qualquer cronista. Mas o cotidiano do nosso cronista, em particular, contemplará, nas crônicas deste livro, as seguintes sete faces (como no poema de um dos mestres assumidos de Tezza): "A vida é sonho", a primeira seção, feita de memórias e de certa filosofia da escrita, por assim dizer, desenvolvida ao longo dos quarenta anos de carreira do ficcionista por trás do cronista; "Viagens pela leitura", acerca do que lê e como lê o escritor; "Vida de torcedor", em que Tezza se revela um louco por futebol, ainda mais quando na arquibancada do Clube Atlético Paranaense; "Terça-feira", uma série de crônicas para revelar o que faz o escritor quando não está escrevendo (ainda que, aqui, por escrito) num dia qualquer da semana (mas para nós sempre o mesmo, toda terça); "Curitiba no divã", com as impressões do autor sobre essa idiossincrática cidade que o adotou aos 7 anos de idade, vindo de Lages, Santa Catarina, onde nasceu; "De volta à vida real", num contraponto à vida de sonho da primeira seção, e a parte mais séria do conjunto, a que traz opiniões sobre grandes questões contemporâneas — políticas, culturais, sociais — no Brasil e no mundo; e, finalmente, como um retorno ao Tezza que nos acostumamos a ler, "'Ficções'", mas com um pé na realidade, como convém à crônica — daí as aspas dentro de aspas.

Em cada seção, todas batizadas a partir de títulos de alguns dentre as duas centenas e meia de textos do conjunto maior, as crônicas aparecem em ordem cronológica de publicação, com poucas exceções. A primeira e a última crônica de cada capítulo, por exemplo, algumas vezes fogem à regra para dar maior fluidez à transição entre os temas. Também os textos que claramente formariam um subconjunto temático, mas não apareceram originalmente em sequência no jornal, agora podem ser lidos um após o outro. O critério geral, cronológico, pretende dar ao leitor deste livro a noção exata das ideias que, semana a semana, passavam na cabeça do autor.

A expressão "um operário em férias" aparece numa crônica em que Tezza exalta os "prazeres da casa", e que não por acaso abre a seção central desta coletânea, "Terça-feira". Tezza, claro, se mostra também um pensador perspicaz do Brasil e do mundo, e — mesmo em textos curtíssimos e no fio da navalha entre fato e ficção que é a crônica — é o ficcionista de sempre, de mão cheia. Mas, na maior parte do tempo, o romancista — esse sujeito sempre cercado de certo mistério, uma aura até inexplicável num país, em geral, indiferente à literatura — se revela homem comum, caseiro: nas tarefas domésticas, orgulhoso de sua habilidade ou mordaz com os próprios atrapalhos; feliz com as leituras descompromissadas de "autoaposentado"; eufórico ou pessimista com os destinos do time de coração; *flâneur* na cidade com jeitão de província; fazendo, enfim, daquelas férias tão sonhadas (e agora, ironicamente, adiadas por tempo indeterminado) o mote da obra efêmera que, mesmo em progresso, já resulta consistente. E um prazer para o leitor.

A VIDA É SONHO

VOLTAR AO PASSADO

"Nunca vale a pena voltar ao passado", dizia um velho amigo meu, o ator curitibano Ariel Coelho, já falecido — e na frase havia um toque de humor, no que ele era mestre, e daquela sabedoria prática que talvez se resumisse num conselho simples: não perca tempo com o passado. Você vai se arrepender. No entanto voltamos a ele mal rompe a manhã, parodiando o poeta. Sim, arrastamos o passado imediato, o ontem, o mês passado, talvez dois anos atrás, que vamos como que puxando adiante, largando memória e velheiras pelo caminho e catando o que há de novo pela frente para encher a urgência do tempo presente. Mas não era de metafísica que Ariel falava: era das pessoas, do clima, da misteriosa aura que em algum momento do tempo vivemos com elas e que sonhamos recuperar com a perfeição de um filme. Afinal, nossa pátria — hoje parece que me deu a melancolia de evocar poetas — são as pessoas que conhecemos pela vida afora. Desde que nascemos, são os semelhantes que vão nos modelando, desde a linguagem até a alma, por assim dizer — sem eles, dói a solidão do deserto.

Reencontrar um velho conhecido é como reconectar-se a uma outra vida que sobreviveu intacta na memória, uma pequena droga de euforia, a promessa de um eterno retorno, a felicidade límpida e intocável de uma boa lembrança — uma sólida amizade de ontem, um trabalho conjunto bem-sucedido que se fez há tempos, uma paixão apagada. Às vezes é só uma boa cerveja numa longa e luminosa conversa de uma madrugada esquecida 17 anos atrás. E, quase sempre, bastam dez ou vinte minutos de sorrisos e abraços, as perguntas tateantes, aquele olhar surpreso — "Cara, como você está bem!", ou "Mas você emagreceu!", às vezes lutando para lembrar o nome, ou então você já tem o nome ("Grande Zeca, velho de guerra!") mas não o espaço; ou a surpresa em frente da mulher distante, agora com uma criança pela mão, e em um segundo uma vida inteira paralela viaja, invejosa da vida real (ou é a vida real que inveja a imaginária); ou às vezes tudo é perfeitamente nítido, a pessoa, o tempo, o espaço, a lembrança, mas mesmo assim falta tudo — e a promessa de uma alegria revisitada vai se corroendo inapelável para o sem-jeito de dois desconhecidos que se esbarram na calçada, planetas que em minutos retomam suas órbitas para nunca mais.

O "Vamos nos encontrar uma hora dessas!", com a promessa implícita de uma grande alegria que se reconquista é, sim, um gesto de boa educação, a cortesia obrigatória da vida comum, mas não só isso — nunca desistimos de voltar ao passado; insistimos em nos rever com a esperança de que, por milagre, isso realmente aconteça e seja uma boa coisa. Talvez seja mesmo — é uma reserva afetiva que tento conservar comigo sempre que o passado bate à porta, com a ansiedade dos fantasmas pessoais em busca de renascimento.

[19/05/2009]

BLOGUEIRO DE PAPEL

Antigamente a desgraça das crianças na escola eram os gibis. Coisa pesada, só péssimos exemplos: o Tio Patinhas, aquela figura mesquinha, de um egoísmo atroz, interesseiro e aproveitador, explorador de parentes; o histérico Pato Donald, um eterno fracassado a infernizar os sobrinhos; Mickey, um sujeitinho chato, namorado da também chatíssima Minnie; Pateta, um bobalhão sem graça. O estranho é que não havia propriamente "família" — só tios e tias misteriosos, todos sem pai nem mãe. Walt Disney, esse complexo mundo freudiano, sob um certo ângulo, ou esse paladino do imperialismo capitalista, sob outro, foi a minha iniciação nas letras.

O tempo passou, os marginais de Disney substituíram-se pelos integrados Cebolinha e seus amigos, todos vivendo pacificamente vidas normais, engraçadas e tranquilas em casas com quintal — e o vilão da escola passou a ser a televisão. Foram duas décadas, a partir dos anos 1970, agora sim, ágrafas. Com a conivência disfarçada de pais e mães (um alívio!), as crianças passavam horas diante da telinha. Estudar, que é bom, nada — é o que diziam. Acompanhei essa viagem desde a TV Paraná, canal 6, com transmissões ao vivo (não havia videoteipe) no estúdio da José Loureiro. Eu colecionava a revista *TV Programas*, assistia ao seriado *Bat Masterson* e aguardava ansioso a chegada de Chico Anysio, todas as quartas. Depois vieram a TV em cores, as redes nacionais, o barateamento do mundo eletrônico, e a famigerada telinha passou a ser o próprio agente civilizador do país — boa parte do Brasil via uma torneira pela primeira vez no cenário de uma novela das oito.

E agora, com a internet, a palavra escrita voltou inesperada ao palco de uma forma onipresente. Não há uma página na internet sem uma palavra escrita; não há um só dia em que não se escreva muito no monitor, e não se leia outro tanto. Os velhos diários dos adolescentes de antanho voltaram em forma de blogues — a intimidade trancada na gaveta de ontem agora se escancara para o mundo. E, com ela, a maldição: ora já se viu — em vez de estudar, dá-lhe Orkut!

Tio Patinhas era melhor? Não sei dizer, mas acho que há vilões muito mais graves que a internet. E sou suspeito, também fascinado pela novidade. É verdade que nunca me converti aos blogues, que sugam tempo e precisam ser alimentados todo dia, como gatos e cachorros. Mas cá estou eu, enfim, blogueiro a manivela, inaugurando minha vida de cronista.

[01/04/2008]

SER ESCRITOR

Um amigo me disse que acha o maior barato como sou definido na coluna: "Fulano é escritor." Por incrível que pareça, essa profissão exerce uma misteriosa atração nas pessoas. Há algo de sobrenatural na condição de escritor, um "atestado de diferença" que põe o leitor imediatamente em guarda, ou com uma admiração inexplicável, ou com uma justificada desconfiança. O escritor, como o espião, exerce uma atividade secreta. Reconhecemos de imediato os advogados, os engenheiros, os enfermeiros, os garis, os médicos (e até mesmo os deputados e vereadores, por um deslocamento de sentido, já que eles apenas cumprem funções por um período de tempo) como profissionais regulamentados, definidos claramente por um conjunto de regras que vão desde o aprendizado formal, chancelado pelo Estado, até a entrega de um diploma que nos autoriza a ser o que somos: médicos, mecânicos, diplomatas, professores.

Mas quem nos "autoriza" a ser escritores? Começa por aí. Minha profissão é uma fraude, ou, dizendo de outro modo, somos livres atiradores, mais ou menos como os bicheiros, mas felizmente sem sofrer nenhuma perseguição legal — pelo menos em tempos democráticos. No máximo uma carta furiosa para a redação ou um livro encalhado. Somos mais ou menos tolerados. Temos de assumir uma certa cara de pau, e declarar, sem vergonha: "Sou escritor." Somos mais definidos pelo fim do que pelo início — um engenheiro é um engenheiro mesmo que jamais tenha erguido uma casa, mas um escritor sem obra pontificará no máximo na mesa de bar, que, aliás, é uma espécie incontornável de escola na formação de qualquer escritor que se preze. Escritores também são seres naturalmente clandestinos — em geral não gostam de pertencer a clubes e, como os ornitorrincos, resistem às classificações científicas. Claro que há as academias, as uniões de escritores, os grupos aqui e ali revolucionários, mas nada disso tem, nem de longe, a milésima parte do poder de um Crea, por exemplo, ou de uma OAB. Aliás, frequentemente esses agrupamentos oficiais de escritores acabam na mesa do bar sendo objeto de escárnio implacável de escritores avulsos e desparceirados.

Do ponto de vista prático, ser escritor é um mau negócio. Se fosse bom, bastaria abrir os classificados desta *Gazeta* para encontrar dezenas de chamadas do tipo "Contratam-se romancistas; pedem-se referências", "Precisa-se de um poeta concretista", "Estamos aceitando contistas com carteira assinada; salário inicial 3.500 + produtividade", "Urgente: sonetistas para trabalhar nas férias, especialização em alexandrinos, contrato sessenta dias, assistência médico-odontológica incluída". Claro que isso é um sonho. Ninguém quer um escritor para nada. E no entanto trabalhamos sem parar. Estou sempre na luta, para garantir meu espaço — antes que o jornal anuncie nos classificados: "Precisa-se de um cronista com assunto para as terças-feiras."

[23/09/2008]

DOM OU TÉCNICA?

Às vezes me perguntam se escrever literatura é um "dom" ou uma "técnica" — em suma, se alguém de fato pode aprender a escrever poemas, contos, romances, ou se isso é uma qualidade inata. A mesma pergunta poderia ser feita para qualquer atividade artística — música, pintura, dança, teatro, etc. Como cada coisa é uma coisa, é melhor não generalizar. Começo falando de mim e da minha relação com a música, para dar um exemplo extremo. Costumo dizer que não tenho ouvido; tenho orelha. Qualquer tentativa minha de aprender música teve consequências patéticas. Para o bem da humanidade e felicidade dos vizinhos, já de pequeno abandonei minhas pretensões no ramo. Sempre me senti o Bolinha naquela célebre aula de violino. O que não me impede de admirar e ouvir música e até de criar meu quadro de preferências, o que, imagino esperançosamente, sempre exige alguma sensibilidade na área.

Ao mesmo tempo, admiro aqueles que podemos chamar de "músicos natos"; artistas que, com uma caixa de fósforos na mão e um assobio, fazem milagres de melodia, arte e engenho. A história da música popular está cheia de artistas extraordinários que jamais estudaram teoria musical.

Tudo são meras impressões de cronista — os especialistas saberão certamente precisar melhor como funciona essa máquina de talentos. O caso da literatura é diferente. Se não é qualquer um que pode dominar bem um instrumento musical, na literatura qualquer pessoa, por princípio e capacidade neurológica, aprende perfeitamente a ler e a escrever, desde que normalmente educada e estimulada para isso — e ler e escrever são a matéria-prima da literatura. Assim, todas as pessoas estão potencialmente muito próximas da literatura — passamos a vida ouvindo e contando histórias, dizendo e repetindo poesias. Na literatura, todos por princípio têm o seu "dom" e a sua "técnica". É verdade que é preciso ter alguma inclinação inicial, sempre misteriosa — mas a questão central está em outra parte: é a vontade, ou o desejo, de escrever. Para quem não quer ser apenas um diletante, o desejo de escrever é uma aposta quase que sem volta que acaba por "escrever" o escritor.

Lembro do famigerado "exame de admissão" de antigamente, a foice que ceifava a metade das crianças brasileiras já no quarto ano primário para que avançassem ao ginásio ou voltassem para a roça. Pois levei pau na prova eliminatória — prova de redação! Tive de fazer o vexaminoso "quinto ano" no Grupo Escolar Zacarias, horário do meio, de "recuperação", das 10h30 às 14h30, para tentar outra chance, numa turma de barbados irrecuperáveis e malandros em geral. A crer no dom, eu já estaria fadado à desgraça desde o início. A tal da técnica, que se aprende, resolveu o problema básico — mas o escritor, mesmo, esse nasceu de uma decisão pessoal que tomei lá pelos meus 15 anos e por ela dirigi minha vida.

[11/11/2008]

UMA FRASE QUALQUER

Há alguns dias estive em Natal, no Rio Grande do Norte, num simpático encontro literário — ou na cidade *do* Natal, como as placas fazem questão de escrever. A primeira pergunta que eu ouvia onde quer que fosse era se eu já havia estado lá, e relembrei meu encontro inverossímil com aquela cidade. Sim, já estive em Natal, uma única vez, nos idos de 1977 — essas confissões acabam sempre entregando a idade —, participando de uma equipe de xadrez dos Jogos Universitários. Até aí, tudo bem. O fantástico é que fui representando o estado do Acre, que enviava orgulhosamente duas delegações, a de Andebol e a de Xadrez. O que eu estava fazendo no Acre fica para outra vez, mas guardo até hoje a surpresa de descobrir, no mapa e de fato, numa viagem interminável com seis conexões, que o Brasil é mais largo que alto: não parece, mas a distância entre Cruzeiro do Sul, no Acre, e Natal é maior que a distância entre o bem mais famoso eixo do Oiapoque ao Chuí, que sempre sai na fotografia. Além da aventura da viagem, recordo pouco daquele tempo — do alojamento em colchões no chão em salas de um colégio, das palavras de ordem contra a ditadura e de uma maravilhosa guerra de tomates no refeitório. Lembro também do morro do Careca, com suas areias verticais em forma de tobogã, ou de cascata, ladeadas de mato.

Pois é exatamente o morro que eu via agora de novo, três décadas depois, curtindo minha maravilhosa mordomia de escritor convidado na varanda cinematográfica do apartamento do hotel, diante da praia com seus verdes mares bravios, aqui e ali manchados charmosamente de sargaços. Um paraíso tranquilo, sempre com um sopro de vento para amainar o calor, e com a infalível boa culinária do Nordeste a temperar o Encontro.

Estou muito longe de Curitiba, mas súbito dou com uma réplica do célebre olho do museu de Niemeyer,[*] com seu jeitão de nave espacial, desta vez recém-plantado 45 metros acima, no centro do Memorial de Natal, para onde uma van nos leva num passeio. Do alto do obelisco que agora preserva uma área das dunas ameaçada pela especulação imobiliária, vemos a cidade derramando-se em torno. Presto atenção nas histórias do legendário ex-deputado Sebastião Nery, que nos acompanha — dono de uma memória giratória, jura lembrar de mim quarenta anos atrás, num encontro em Curitiba com Philomena Gebran e W. Rio Apa. O melhor foi um jantar à noite com Carlos Heitor Cony, provavelmente o escritor com mais páginas rodadas na história do Brasil. Confessou que, numa época, chegava a escrever oito crônicas por semana, e que às vezes lhe batia o desespero da falta de assunto. Claro que, cronista aprendiz, o tema me interessou profundamente. "E quando falta assunto?", perguntei.

— Quando falta assunto, escrevo uma frase qualquer e sigo adiante.

Atento à voz do mestre, acabo de testar a receita. Parece que dá certo.

[09/12/2008]

---

[*] Um dos pontos turísticos mais visitados de Curitiba, o Museu Oscar Niemeyer (MON) — com o monumento gigante que lhe serve de fachada, projetado pelo famoso arquiteto — acabou apelidado, na cidade, de "museu do olho".

SUA EXCELÊNCIA, O LEITOR

A primeira diferença que senti entre escrever livros e escrever crônicas — trabalho novo para mim — foi a onipresença do leitor. Nunca penso no leitor ao escrever ficção, que se cria numa redoma autossuficiente. É só quando o livro ganha o mundo que o leitor aparece de fato, de carne e osso. A relação entre o leitor de livros e seu narrador é íntima, exclusiva, intransferível, silenciosa, atemporal. O leitor de um livro é sempre um espião — abre as páginas do romance, dos poemas, dos contos como quem espia pelo buraco da fechadura um mundo que não é o seu. Os livros vivem fechados, capa contra capa, esmagados na estante, às vezes durante décadas — é preciso arrancá-los de lá e abri-los para ver o que têm dentro. Mesmo à solta, liberto da prateleira, ao acaso da mesa ou da cadeira, a natureza do livro é sempre fechada. Jogue-o no chão: nove vezes em dez ele cairá fechado, como os gatos que, dizem, sempre caem em pé. Se cair aberto, as palavras estarão para baixo. (Não façam o teste em casa, por favor — um livro de capa amassada ou dobrada é uma vítima melancólica; é preciso prensá-lo durante 72 horas com um dicionário Houaiss para que ele se recupere, mas sempre ficará a cicatriz.)

Já o jornal são folhas escancaradas ao mundo, que gritam para ser lidas desde a primeira página. A mão do texto puxa o leitor pelo colarinho em cada linha, porque tudo é feito diretamente para ele. O jornal do dia sabe que tem vida curta e ofegante e depende desse ser arisco, indócil, que segura as páginas amassando-as, dobrando-as, às vezes indiferente, passando adiante, largando no chão cadernos inteiros, às vezes recortando com a tesoura alguma coisa que agrada ou o anúncio classificado. Súbito diz em voz alta, ao ler uma notícia grave, "Que absurdo!", como quem conversa. O jornal se retalha entre dois, três, quatro leitores, cada um com um caderno, já de olho no outro, enquanto bebem café. Nas salas de espera, o jornal é cruelmente dilacerado. Ao contrário do escritor, que se esconde, o cronista vive numa agitada reunião social entre textos — todos falam em voz alta ao mesmo tempo, disputam ávidos o olhar do leitor, que logo vira a página, e silenciamos no papel. Renascemos amanhã.

O leitor exige como um Procon ambulante. Um dentista reclamou que, na crônica "O dentista coxa-branca",* eu denegri a "nobre profissão de odontólogo". Outro leitor precisou que o Brasil é de fato 14 quilômetros mais largo que alto (acertei!), mas do Acre à Paraíba, e não ao Rio Grande do Norte (errei!). Um professor lembrou, com razão, que a frase "Conheci o primo exótico de uma amiga que cultivava cobras", de uma crônica sobre animais, é ambígua. O leitor, soberano, espera do jornal o rigor da verdade, porque afinal é para isso que servem os jornais. Nesse mundo, o cronista, um falastrão compulsivo, às vezes francamente mentiroso, sofre.

[13/01/2009]

---

* "Coxa-branca", ou simplesmente "coxa", é como são comumente chamados os torcedores do Coritiba, grande rival do Atlético Paranaense, time do qual Tezza, por sua vez, é torcedor. Os dois clubes fazem o clássico Atletiba — o Fla-Flu paranaense. O leitor encontrará a crônica citada na seção "Vida de torcedor", neste livro.

STELÓVSKI E A MALDIÇÃO DOS EDITORES

Faz parte da mitologia da literatura a guerra de escritores contra editores, estes personificados como inimigos figadais do verdadeiro talento, e aqueles como anjos puros em defesa dos valores da arte. Esta imagem de bandidos insaciáveis explorando gênios indefesos nasceu e se cristalizou na Europa, na passagem do século 18 ao 19. Consequência da Revolução Industrial, os livros desceram do Olimpo em que se mantinham, com escritores rodando a bolsa pelos salões e dependendo do patrocínio da nobreza, e se tornaram mercadoria preciosa de circulação na burguesia urbana, ávida por se ilustrar. Autores de romances, publicados no formato de folhetim, eram disputados a tapa. Mas nem de longe havia a consciência de "direito autoral".

Editores eram, de fato, tubarões que tratavam autores a pão e água. O patrono daquele momento poderia ser o editor russo Stelóvski, que, em troca de adiantar três mil rublos a Dostoiévski — perseguido por credores, explorado por parentes e sofrendo ataques epilépticos —, exigiu um livro novo num prazo curtíssimo. Se Dostoiévski falhasse, teria de entregar ao editor toda a sua obra, passada e futura, durante nove anos, em troca de nada.

Não parou por aí: quando Dostoiévski terminou na penúltima hora sua obra-prima *O jogador*, graças a Ana Grigórievna, a estenógrafa com quem se casaria em seguida, o editor desapareceu para não receber os originais. Duas horas antes de acabar o prazo, desesperado, Dostoiévski depositou o romance numa delegacia de polícia, contra recibo, para comprovar que cumprira os termos do contrato. Os terríveis vilões dos romances de Charles Dickens são café-pequeno perto do realíssimo Stelóvski.

Esse panorama felizmente mudou no século 20, seguindo um processo natural de profissionalização no Primeiro Mundo. Mas a transformação foi bem mais lenta nos países periféricos, em geral com um público leitor menos significativo. No Brasil, exceto por figuras raras como Jorge Amado ou Erico Verissimo, o padrão de sobrevivência dos escribas, até pouco tempo atrás, era o do escritor funcionário público, vivendo de salário do Estado e publicando seus livros em condições ornamentais. A literatura brasileira sempre floresceu com um pé no Estado.

Nos últimos vinte anos, a situação mudou. Hoje, os contratos brasileiros são muito melhores que os estrangeiros (o que em parte, mas só em parte, se explica pela tradicional irrelevância literária do Brasil no resto do mundo). E os míticos Stelóvskis se deslocaram das editoras para o controle dos processos de distribuição, inclusive dos livros digitais, área fundamental em que se trava uma batalha secreta por padrões de formato e domínio da venda. Por exemplo: a Apple acaba de impedir que se comprem e-books em sua tabuleta, via aplicativos de livrarias, sem pagar pedágio. A taxa é de 30%, digna de um Stelóvski.

[09/08/2011]

NÃO ME ADOTEM

Nos últimos dias, entre uma viagem e outra, fui bombardeado pelas notícias em torno da adoção e da compra, pelo governo de Santa Catarina, de cerca de 130 mil exemplares do meu romance *Aventuras provisórias*, incluído num pacote de títulos de obras literárias para distribuição escolar. Para quem não sabe, essa é uma operação que, sob qualquer aspecto jurídico e comercial, diz respeito exclusivamente à editora do livro, às entidades oficiais que solicitam a compra e às empresas distribuidoras que tiram o livro da editora e o entregam para o Estado. Sempre que me adotam — eu sou de natureza um pouco chucra no trato social, ainda que tenha melhorado bastante com a idade —, fico com a pulga atrás da orelha: vai sobrar para mim. Recebo aquele afago no couro cabeludo com uma desconfiança caipira. Talvez o Estado vizinho quisesse homenagear esse escritor nascido lá, o que é sempre comovente. Assim, é claro, fiquei feliz — sou vaidoso —, ainda que preocupado. Meus antecedentes não são bons. Uma vez, e isso em Curitiba, tentaram processar uma professora por ter indicado a leitura do meu romance *Juliano Pavollini* — um parágrafo do livro provocou sentimentos horríveis no pai de um aluno, e por pouco a coisa não toma uma proporção irracional. No caso de Santa Catarina, o montante da compra poderia além de tudo atiçar a curiosidade sobre a riqueza súbita do escritor, que teria atingido o seu Santo Graal sem fazer força — mal sabem as pessoas que o preço de compra nesses casos é ridiculamente baixo e a porcentagem do autor, uma merreca. Portanto, fique o povo tranquilo que ainda não foi dessa vez que eu me forrei.

E minha desconfiança de que aquilo não acabaria bem, é claro, se confirmou — em poucos dias, uma "auxiliar pedagógica" levantou a lebre de que a linguagem chula de alguns trechos do livro tinha de ser "banida" da escola, e, após uma sequência rápida e furibunda de críticas lítero-sexuais de pais e professores indignados, em que as pobres *Aventuras provisórias* sofreram o diabo, determinou-se o recolhimento imediato e espetacular do livro. Entre os danos materiais, está o dano moral do autor ao ver um trecho de seu próprio livro, duas ou três linhas, ser reproduzido nos jornais como se fosse um haikai, e não parte de um romance de 142 páginas, em que cada palavra se relaciona com o todo e é voz de um narrador-personagem capaz de dar significado à sua linguagem. Notem: não faço uma apreciação de valor. É simplesmente um dado técnico para o leigo entender como uma narrativa produz sentido.

Colocado no centro dessa fogueira de paspalhos, faço um apelo: por favor, não me adotem. Não sou um escritor de confiança. Ainda há pouco, cancelei minha participação em uma Feira de Livros de Lages, minha terra, por motivos óbvios, e a resposta aliviada põe a coisa nos eixos: "Realmente é uma pena, mas precisamos ponderar uma vez que o Governo do Estado através da Secretaria de Educação é um dos patrocinadores deste evento."

[02/06/2009]

TRADUZINDO PORTUGUÊS

Para falar desta língua dupla que nos une (do ponto de vista ortográfico), ou desta língua única que nos divide (na vida real da fala), lembro o que me disse o editor de uma importante editora portuguesa sobre o trânsito literário Brasil-Portugal. Afinal, por nossa história e raízes teríamos tudo para um mercado comum das letras, digamos assim, mas de fato há uma estranheza inexplicável a atrapalhar. Tirando os nomes clássicos, que passam por Eça de Queiroz e vão até Fernando Pessoa, autores portugueses não emplacam por aqui, sendo Saramago a exceção que confirma a regra — e o mesmo acontece com os brasileiros contemporâneos lá. Sim, lidos e publicados somos aqui e em Portugal, mas numa escala modesta e periférica. E o editor usou uma expressão curiosa: "Há uma resistência da língua, que é a mesma mas não é."

Entendi perfeitamente essa resistência ao comprar no aeroporto de Lisboa o romance *A vida em surdina*, do inglês David Lodge, traduzido maravilhosamente para o português — de Portugal. Seria uma boa arma para enfrentar a interminável viagem de volta, para quem jamais dorme em avião, como eu. E então, página a página, preso na ótima narrativa, comecei a perceber mais objetivamente o que nos incomoda tanto, a nós e a eles. Não há a rigor uma só frase que não nos cause estranheza — tudo é familiar, mas pelo caminho espalham-se pedrinhas de sentido a desviar o rumo. Quanto à linguagem, em nenhum momento o leitor se sente em casa, e isso é mortal na prosa literária, que tem na vida cotidiana da língua a sua matéria-prima de origem. Não é só vocabulário, o que seria um problema simples — é sintaxe mesmo, os pronomes todos e seus modos de usar, campos semânticos sutilmente distintos, regências particulares que vão como que armando um novo modo de ver o mundo, tudo que metaforicamente define uma língua. Vejam um exemplo discreto: "Apercebi-me de que me esquecera do guarda-chuva, mas não voltei lá acima para o ir buscar." Ou: "Os dois miúdos também virão cá ter, por isso vai ser uma festa em grande." Mais uma: "O carro tem vidros fumados para despistar potenciais raptores, e um autocolante na janela de trás a dizer 'bebé a bordo', apelando à consciência dos condutores que possam fazer tenções de lhes bater na traseira."

Como esses textos falam por si, vai a minha proposta herética: que nossa prosa contemporânea seja traduzida em edições no outro país. Não apenas no vocabulário acidental, mas na estrutura sintática mesmo, como se nós escrevêssemos em croata, e eles, em turco. Se meu livro, escrito em brasileiro, pode ser traduzido para o catalão, por que não para o português? Sei que esse é um vespeiro terrível, e temo estar a provocar *serial killers* linguísticos esbravejando contra meu crime de lesa-pátria. Ora pois, minha língua é minha pátria, e gosto de saber que meu leitor está em casa, seja ele russo, árabe ou português.

[09/06/2009]

DUAS QUESTÕES LUSITANAS

Minha proposta herética de que textos literários brasileiros e portugueses sejam traduzidos lá e aqui provocou uma interessante reação de alguns leitores, majoritariamente contra a tresloucada ideia. Volto ao tema para situar um pouco melhor meu próprio ponto de vista, que se afirmou com excessiva ligeireza. Uma leitora bem-humorada frisou que quem lê para se "sentir em casa" devia "restringir-se aos rótulos de sucrilhos e às listas de compras do sacolão". Certíssima, a leitora. Eu deveria ter acrescentado no meu texto que o leitor gosta de sentir-se *linguisticamente* em casa. É o charme de um verso como "Tinha uma pedra no meio do caminho", por exemplo, ou de uma tradução bem-feita de um autor chinês ou sueco. Uma das regras universais da boa tradução é que só se usem notas de rodapé em último caso, quando não haja mesmo uma expressão equivalente na língua do leitor. No mais, tudo pode ser o bom estranhamento que é a alma da boa literatura, desde que a língua entre autor e leitor seja comum.

Outros lembraram Raquel de Queiroz, aqui, e Saramago, lá, como exemplos de recusas indignadas a mudar o texto no outro país. Mas é uma fantasia persecutória imaginar que o texto estaria sendo violentado por algozes cruéis, censores terríveis a corromper a força "autêntica" da linguagem, como se uma tradução lá destruísse para sempre a edição original impressa no Brasil e à disposição dos brasileiros — e vice-versa. Que seja publicado em russo, em alfabeto cirílico, tudo bem — mas trocar, digamos, "Mas a minha menina está tão linda!" por "Ai que a minha cachopa está tão gira!", nem pensar! Essa atitude tem uma raiz mais psicológica que linguística — e o resíduo de um complexo de colonizador e colonizado certamente exerce um papel nesse horror à tradução luso-brasileira. Além do visível desejo político de que falemos a mesma língua.

Claro, há aqui algumas premissas inescapáveis da ideia: falo de prosa contemporânea, não de clássicos nem de poesia, que têm um outro registro — no caso dos clássicos, um registro único. E o pressuposto fundamental é que se trata de duas línguas hoje literariamente distintas, e não apenas de diferenças acidentais de vocabulário. Se estou errado nesse ponto, retiro toda minha argumentação. Sim, do ponto de vista instrumental, são praticamente a mesma língua (e por isso me agrada o conceito do acordo ortográfico); mas não se faz literatura viva com língua instrumental.

A propósito, antes que me confundam: o que digo aqui não tem absolutamente nada a ver com o recente projeto oficial, esse sim de claro matiz lusitano, de obrigar a tradução de "palavras estrangeiras", rematado exemplo de tolice linguística e de como a linguagem serve de argumento difuso para o sempre vivo desejo do Estado, e não só dele, de "vigiar e punir" a língua alheia.

[21/07/2009]

ATRIBULAÇÕES DE UM CHINÊS EM PARATY

O escritor chinês Ma Jian, exilado em Londres, é autor de *Pequim em coma*, um elogiado romance sobre o massacre da praça da Paz Celestial. Convidado da Flip, a Festa Literária Internacional de Paraty, planejou passar alguns dias no Rio de Janeiro, e para isso precisaria de um guia. Como fala apenas mandarim, explicou ao intérprete que a condição indispensável era que em hipótese alguma o guia fosse um adepto ou admirador do atual governo chinês. Para uma cabeça brasileira, é uma exigência engraçada: imaginar que algum guia carioca escalado para mostrar o Corcovado ou o Maracanã esteja minimamente interessado no que acontece na China a ponto de defender o governo chinês contra o turista exilado.

Meu contato com Ma Jian foi curioso — na agitação de Paraty, chegaram até mim reiterados recados de que ele queria falar comigo, até que nos encontramos num jantar comemorativo da editora Record. Através do intérprete, fiquei sabendo que ele gostaria de ouvir um relato sobre a literatura brasileira, "uma visão geral", e senti na alma o peso da responsabilidade, quase que a fio de espada: "Se eu não ouvir esse relato", desfechou Ma Jian, "minha viagem ao Brasil não terá sentido." Inclinei a cabeça e concordei em nome da honra, ainda que gaguejando ressalvas profundas sobre minha competência — parodiando Lima Barreto, eu seria o escritor que sabia chinês. Por que eu? Ao contrário de José Sarney, nunca fui traduzido na China. Ao ler seus dados biográficos, imaginei que Ma Jian me escolhera porque também ele foi relojoeiro quando jovem, embora tenha tido menos sorte na sequência, pelo menos, suponho, nas condições chinesas — foi pintor de propaganda e fotojornalista de uma revista estatal, até que saiu de lá para não mais voltar.

No dia seguinte Ma Jian apareceu com gravador, filmadora e um bloco de notas, que não largou um minuto. Durante uma hora tentei dar conta dessa tarefa, digamos, diplomática, começando com José de Alencar e a questão da nacionalidade brasileira, e encerrando, em aberto, com o nome de Dalton Trevisan, que ele transformou no seu bloquinho insaciável em belos ideogramas. Ao final, tiramos fotografias — e ele me agradeceu profundamente, em especial por ter desfeito o equívoco corrente na China de que o estilo literário dominante no Brasil seria o do "realismo mágico". Depois que ele se foi, lamentei não ter sido eu o repórter a lhe perguntar detalhes sobre o conflito atual entre os uigures e os hans, que parecem saídos das *Histórias de cronópios e de famas*, de Cortázar, mas com sangue de verdade correndo nas ruas. E a recente ameaça do presidente do Partido Comunista chinês de executar os "terroristas" — consubstanciando no partido único o Legislativo, o Judiciário e o Executivo, que é o retrato impecável da China — parece dar uma dimensão fantástica a Ma Jian, em dizer "não" até na inocente escolha de um guia turístico.

[14/07/2009]

ESCRITORES

Participando de uma mesa da Bienal do Livro de Curitiba, me ocorreu um detalhe que talvez não seja tão óbvio quanto possa parecer — a crença do público de que os escritores são seres que, afinal, sabem o que fazem. De outra forma não se explicaria a afluência de espectadores para nos ouvir, atenta e cordialmente, o que sempre me surpreende, já que o senso comum diz que o brasileiro não lê e não se interessa por literatura.

E o que o público quer ouvir? Em geral, há dois grupos de questões — as relacionadas ao ato de escrever, inspiração e trabalho, os detalhes de como se começa um livro e se constituem os personagens; e as vinculadas a aspectos práticos da vida de quem escreve, como direitos autorais, relação com as editoras, o espaço da livraria, a reação aos críticos e tópicos afins. Converso com facilidade sobre esses últimos temas, já que tenho uma larga experiência na área. Mas, sempre que tento explicar "como escrevo um romance", sinto um mal-estar de quem afinal está inventando histórias da carochinha só para preencher um vazio. Eu não sei como escrevo um romance. E, acompanhando os colegas que falam a respeito, descubro que também eles não devem saber, porque nunca deparei com duas explicações semelhantes. Se chamassem dois engenheiros para explicar como construir um prédio e cada um dissesse uma coisa, suponho que um deles teria de ter o registro cassado. O que mostra que escrever é uma profissão desqualificada também por ser incapaz de se submeter a um mínimo controle de qualidade.

O que me leva a outro mistério: por que diabos esse ofício bizarro exerce tamanha atração simbólica sobre as pessoas? O ex-presidente Collor, que afinal já tem garantida uma presença, digamos, imortal na história brasileira, fez questão de disputar uma eleição na Academia de Letras de Alagoas, provavelmente com o único intuito de morrer com o título de escritor pregado na testa. O senador Sarney, além de sua obra notória no Maranhão e no Brasil, já garantiu uma cadeira eterna na Academia Brasileira de Letras, bem mais tranquila que a do Senado. Tudo bem: o beletrismo ornamental tem larga presença na nossa cultura. Mas não são só os figurões, por assim dizer, que anseiam por essa glória colateral. Um número crescente de jovens sinceros revela a intenção de mergulhar na literatura, mesmo sabendo que a chance de eles viverem disso é estatisticamente nula. O que nos dá, talvez, a chave para entender o seu mistério — o fato de que o desejo verdadeiro de literatura nasce antes como uma atitude não pragmática, uma resposta avulsa e solitária a um mundo hostil, um impulso ético, do que propriamente por um cálculo profissional ou de sobrevivência.

Mas temo estar caindo apenas na chave de ouro de todo escritor quando quer escapar do emaranhado em que se mete ao escrever a primeira linha.

[08/09/2009]

CARTAS, BLOGUES, E-MAILS

Entre as muitas consequências do advento da internet, prolifera uma curiosa fusão das linguagens, ou talvez, melhor dizendo, a criação de novas funções e novos gêneros da linguagem. O primeiro deles já é quase arqueológico de tão popular: o e-mail. Ainda bem que não sou saudosista — se eu vivesse chorando o passado, diria que o e-mail enterrou para todo o sempre o gênero de escrita que em boa medida me ensinou a escrever: a carta.

A carta é uma forma literária clássica, cuja composição é em si uma lenta divisão do tempo — ela era escrita para ser entregue pelo menos dois ou três dias mais tarde. A carta pressupunha um tempo lento, cadenciado; escrever uma carta era também fazer uma síntese e um retrospecto de uma semana, de um mês, de acontecimentos demorados que, linha a linha, o escriba organizava na cabeça. Uma carta punha ordem e perspectiva no mundo; os fatos se organizavam em bloco e eram explicados em parágrafos. Não lembro de nenhum momento em que senti necessidade de escrever *rsrsrs* para indicar que eu estava rindo naquele momento; no máximo, um discreto ponto de exclamação. Quem escreve carta é sempre um "narrador", alguém a distância, e não uma pessoa ao vivo.

No entanto, a carta também era uma conversa. O amigo ou a namorada ou o tio ou o pai abriam o envelope (outro ritual — sempre evitei rasgar o selo; havia um objeto chamado "corta-papel", hoje peça de museu), sentavam numa cadeira, tranquilos, e ficavam sabendo com um grau razoável de ordem da vida do outro. Às vezes tinham vida longa, passavam de mão em mão pela família e amigos, *Veja como o Toninho está bem!* — e às vezes, secretas, eram imediatamente trancadas na gaveta para uma releitura solitária, suspirante e saudosa. Carta não tinha vírus nem pegadinhas; se por acaso chegassem fotos obscenas ou sugestões de invasão de privacidade, era bem possível que o envelope fosse parar na polícia — ou nos filmes policiais, em que cartas anônimas sempre brilharam como personagens poderosas. Sim, cartas eram conversas, mas sóbrias, com a noção de hierarquia e de espaço, o tempo e o espaço sempre organizados: *Curitiba, 7 de novembro de 1956. Querida Maria:* — e seguiam-se as notícias. As cartas foram também uma marca histórica da vida individual, da afirmação pessoal; e, transformadas em literatura, muitas vezes se revelaram um retrato ético da sua época. Um exemplo maravilhoso é o romance epistolar *As relações perigosas*, do francês Choderlos de Laclos (1741-1803), que, ao deixar entrever a dissipação moral da nobreza da França, ajudou a fermentar o caldo em que pouco depois explodiria a Revolução Francesa.

Mas eu me entusiasmei tanto para relembrar a carta que não deixei espaço aos e-mails e blogues, gêneros de um novo tempo, que funcionam, e bem, com outra lógica. Fica para uma próxima carta — digo, crônica.

[22/09/2009]

ADEUS ÀS AULAS

Se é verdade que um bom texto é aquele capaz de transformar a vida, acabo de escrever uma obra-prima. Quem me conhece sabe que não sou de alardear minhas poucas e ralas qualidades, mas dessa vez não resisto ao impulso cabotino. Pois as cinco linhas que redigi, enxutas e precisas, atentas à força da tradição e com um toque tranquilo de modernidade, têm (modéstia à parte) essa perfeição transformadora. Em suma: pedi demissão da universidade em que dou aulas há 24 anos. O requerimento ganhará alguns carimbos, duas ou três rubricas, rolará pelos escaninhos e em breve estarei livre como um pássaro.

Antes que pensem que enlouqueci — nenhuma cultura é mais avessa ao risco do que a brasileira, e eu me incluo nela —, esclareço que há em tudo um cálculo cuidadoso, típico da cidade que me educou, em que, ponderados custo e benefício, o saldo será uma imensa felicidade, ainda que mais pobre, se é que alguém pode se permitir essa soberba. Em suma, não gostaria de entregar ao Estado (a essa altura da vida, só a ele, porque como acadêmico já esgotei meus projetos e minha paciência) os dez anos que ainda me faltam para merecer aquela aposentadoria gorda do estamento federal. Prefiro gastar esses anos comigo mesmo, enquanto tenho tempo.

Comecei a trabalhar aos 13, como datilógrafo em um escritório da Floriano Peixoto, nos tempos em que menores trabalhavam, e depois fui rolando pelos anos como artista alternativo. Só ganhei o primeiro carimbo na carteira de trabalho nos meus retardados 34 anos, quando começava minha vida oficial. Mereço uma autoaposentadoria.

Calculo que passaram por mim cerca de oito ou nove mil estudantes nessas duas décadas e meia, todos sempre com a mesma idade; só eu envelheci. Devo ter lido mais de cem mil textos escritos por eles, o que sempre deixou meu ouvido e minha intuição sintonizados com a linguagem contemporânea, uma experiência inestimável para quem escreve. Sempre gostei de dar aulas, e acho que os alunos perceberam isso. Mantive-me anos a fio mais um mestre-escola que um pesquisador, e, graças à generosa tolerância de meus colegas, consegui escapar, fugindo sorrateiro pelos corredores, de cargos burocráticos infernais, o que me permitiu escrever os livros que escrevi desde *Trapo*. A universidade foi uma sólida e boa companhia que agora chega ao fim.

Diz a lenda — que minha vaidade ajudou a propagar — que saio da universidade para me dedicar a escrever. Não contem para ninguém, mas o que eu quero mesmo é curtir o ócio, enquanto ainda tenho saúde para desfrutá-lo. Claro que esse epicurismo tardio inclui alguma sombra de punição, como o clássico projeto da alimentação mais saudável e caminhadas diárias, mas o saldo é ótimo. Principalmente tempo — e o descompromisso psicológico — para ler tudo que eu sempre quis ler só pelo prazer da viagem.

[08/12/2009]

CRISE E LITERATURA

Uma velha pergunta: o que leva alguém a escrever? Parece que escrever é sempre a manifestação de uma crise. Talvez seja preciso inverter a equação, da crise mundial (como todas, em todos os tempos, e essa não foi sequer a pior), para a crise da literatura, hoje quase um patinho feio da cultura. E penso que nem de longe ela voltará à glória com que explodiu no século 19, quando se criaram enfim as suas condições modernas — o leitor, o lazer, o império da escrita, a circulação espetacular do livro, a valorização do indivíduo e a sempre importante separação política entre Igreja e Estado, marca registrada do Ocidente (sem essa separação crucial, abandonemos toda esperança).

Por um bom tempo a literatura foi a arena em que se discutiam, pela simples representação ficcional do mundo, praticamente todos os grandes temas das humanidades. Leia-se Dostoiévski, Dickens, Tolstói, Balzac, e é isso que se encontra. Mas a ficção foi perdendo terreno para outros meios da cultura popular, começando pelo cinema, avançando pela televisão e hoje chegando à internet (o que é outro momento e outra história). A primeira "vítima" (se é lícito falar assim) desse avanço foi o tempo de lazer — ingrediente indispensável de quem lê —, agora repartido entre mil outras atividades, quem sabe muito mais atraentes, cantos da sereia tecnológica que ao mesmo tempo colocou o mundo inteiro à disposição e nos tirou a paz e as condições de desfrutá-lo. Não tenho nada contra os novos meios, é bom deixar claro. Escrevo este texto num computador de última geração, sou viciado em Google e me encanta o infinito potencial informativo desses novos tempos — não sofro de nenhuma nostalgia da máquina de escrever.

O que me interessa é localizar o espaço da literatura que restou nesse mundo novo. Não vou falar em "função" da literatura, porque isso seria lhe dar uma direção e um sentido *a priori*; melhor pensar em "espaço" mesmo, o lugar em que ela surge, cria forma e se move. Pelo menos num ponto, estamos melhor do que há trinta anos: da era da televisão, um lugar de pura oralidade, passamos à internet, que é basicamente escrita. Sempre bato nesta tecla: a palavra escrita reconquistou um espaço avassalador no ambiente da vida. Hoje parece que tudo provoca curiosamente uma compulsão de ler e escrever.

Certo, todas são palavras "pragmáticas" — nesse mundo de utilidades, o escritor respira em solidão, afirmando uma contrapalavra. Não é a crise do mundo que faz nascer romancistas e poetas. Eles escrevem porque são eles mesmos que estão em crise — um poderoso sentimento de inadequação, que é a alma da arte, sopra-lhes a primeira palavra, com a qual eles tentam redesenhar o mundo.

[23/02/2010]

O QUE EU QUERO SER QUANDO FOR GRANDE

Toda criança já ouviu a pergunta: o que você quer ser quando for grande? E são um cromo da mitológica inocência infantil as respostas-padrão: astronauta, corredor de Fórmula 1, modelo, bombeiro, professora. Depois de um certo tempo, as opções se afunilam, o senso de realidade vai apagando a poesia dos projetos, e parece que tudo se dirige a um único caminho que é afinal aquele que assumimos. Escolhemos mesmo alguma coisa? Acho que sim, mas um tanto às cegas. Além disso, as escolhas são quase sempre determinadas pelas circunstâncias — e para muitos não há escolha alguma. Pergunte-se ao filho do catador de papel, o dia inteiro esgravatando o lixo, o que ele quer ser quando for grande — a pergunta será ofensiva como os brioches de Maria Antonieta. Provavelmente dirá que quer ser jogador de futebol — como se esse esporte, pelo DNA, fosse a cara do Brasil. E é — mas isso é outro assunto.

Eu também quis ser jogador de futebol, num breve delírio; desiludido pela minha invencível perna de pau, cheguei a namorar a hipótese de fazer um curso para árbitro, conversando com amigos num boteco de Antonina,[*] depois de um jogo. O projeto durou o tempo que duraram as cervejas. Não satisfeito, pensei em ser piloto de aviação civil e sair de tecoteco por aí, reencarnando Saint-Exupéry — cheguei a subir a serra para fazer o curso e tirar o brevê, mas o guru Rio Apa[**]

---

[*] Cidade histórica do litoral do Paraná onde, então um jovem "alternativo", Tezza viveu nos anos 1970.

[**] Wilson Rio Apa, dramaturgo e escritor, liderou, na citada Antonina, uma comunidade hippie que se dedicava ao teatro e outras atividades

me dissuadiu da ideia. Só por isso, devo a ele minha vida, porque com o meu pavio curto não teria mesmo muito futuro lá em cima. Depois quis ser piloto da Marinha, e cheguei a frequentar o curso no Rio, no calor da ditadura — em seis meses saí de lá correndo, para desespero da minha mãe, que começava a perder as esperanças na salvação do filho.

Tentei ser ator profissional — comecei a ensaiar uma peça, dirigido por Antonio Carlos Kraide e estimulado pelo amigo Ariel Coelho. Mas fracassei e desisti. Sem rumo, cheguei a abrir uma lojinha de consertar relógios, que durou poucos meses. Vivi de bicos por um tempo, até me tornar professor, náufrago em terra firme. Fui levando, o tempo passando — mas depois de 25 anos percebi que não era bem isso o que eu queria. Pedi demissão e voltei a viver de pequenos expedientes — hoje sou cronista —, até me bater mais um entusiasmo, que levo adiante: ser empresário. Estou abrindo uma pequena firma e começo a ver o Brasil de perto, longe do confortável guarda-chuva da Viúva. Já contratei contador, preenchi trinta papéis, paguei taxas, reconheci firmas, requeri certificados e vou impávido em frente.

Pelo menos vislumbro uma alegria de infância: já encomendei um bloquinho de nota fiscal, que a cada serviço deverei preencher caprichosamente em três cópias, colocando o papel-carbono entre uma folha e outra — quando criança, morria de inveja do filho do dono do Armazém Pinheiro, posudo atrás do balcão com a caneta encaixada na orelha.

[01/06/2010]

---

artísticas, na qual Tezza, pouco mais que um adolescente, passou a morar e, incentivado por Rio Apa, deu os primeiros passos como escritor.

A VIDA É SONHO

Passei a vida sonhando com férias paradisíacas e impossíveis, longos meses fazendo nada em algum lugar inexistente, e entretanto inteiro na memória, quase que mais uma lembrança que um desejo. As formas das férias vão variando — podem ser um simples sinal libertador no fim de uma aula chatíssima, aos oito anos, uma sexta-feira prometendo a eternidade de um fim de semana; depois, a namorada cuja simples presença, como queria Camões, é ao mesmo tempo escravidão e liberdade; ou o incrível prêmio de loteria, o clássico número em dez bilhetes da federal. Às vezes, como nos filmes, as férias chegam em forma de herança, quem sabe um baú milagroso no sótão, ou aquele parente inóspito que se despediu com uma inesperada boa ação. Férias são pequenos milagres que existem mais no ouvir dizer e no contar do que nelas mesmas, tão rápidas e voláteis, às vezes decepcionantes sob o peso de miudezas — em qualquer caso, é preciso sonhar com férias, a liberdade definitiva, a transcendência, a derrota do tédio nosso de cada dia.

Enquanto elas não vêm, vou viajando, camelô de mim mesmo. Há duas semanas participei de um périplo caipira no interior de São Paulo, que de caipira, hoje, só tem o sotaque. Pequenas cidades de nomes brasileiríssimos — Penápolis, Getulina, Promissão, Pacaembu, Osvaldo Cruz — em outro tempo também foram o sonho do avesso: a utopia da cidade pequena e pura, o riachinho, o morro verde, a casinha de sapé, a toalhinha na mesa, o rádio na prateleira, o mugido da vaca, signos da pintura ingênua do passado.

Hoje, essa pintura é memória; o agronegócio esparrama-se em cana-de-açúcar, máquinas e indústrias, restando em torno da velha igreja não a miragem rural da autossuficiência, mas o breve entreposto urbano. Em cada biblioteca municipal, uma rede de computadores. Aqui e ali não se acham restaurantes, enquanto se abrem *lan houses*. A história se repete: a TV chegou antes da palavra escrita (com Assis Chateaubriand, no Agreste nos anos 1950, fazendo campanha ao Senado levando à praça a TV preto e branco, diante do povo boquiaberto, de enxada na mão); e o computador amarra o Brasil ao mundo antes mesmo do livro, que parece obsoleto (mas que ninguém se engane: sem ele estaremos realmente perdidos). A rica Feira do Livro de Ribeirão Preto, de onde acabo de chegar, é o encontro de dois mundos: shows de artistas populares enchem a praça de uma multidão cantante; e escritores levam, como sempre, seus quarenta leitores aos auditórios; o livro vai marcando presença pelas beiradas.

E continuo sonhando com as férias. Algum gostinho já estou sentindo, amador de futebol. Mesmo com a pior Copa de todos os tempos, é muito bom sentar diante da telinha, às 8 horas da manhã de um dia de semana, sem culpa, café quentinho na mão, cobertor nas pernas, e assistir a clássicos obscuros como Nova Zelândia e Eslováquia.

[22/06/2010]

VIAGENS NO TEMPO

Na minha trepidante vida de caixeiro lítero-viajante, estive semana passada em Vilhena, Rondônia, o que foi também uma viagem no tempo. Ao trocar de avião em Cuiabá, saí do ar condicionado para o vapor da pista sob o sol, e em poucos passos senti um calor inacreditável de dissolver a alma — e lembrei do dia mais quente da minha vida, exatamente em Cuiabá, em algum momento do início dos anos 1970, quando fiz uma viagem de dez dias entre São Paulo e Rio Branco, no Acre, a bordo de um monomotor, um Cessna de quatro lugares. Depois de passar um dia em Presidente Prudente, fui a Cuiabá — e nunca mais na vida senti a intensidade daquele calor que me arrastava pelas ruas sem o mínimo sopro de vento, a pele se empapando num suadouro implacável. É um estado de espírito devastador, como se sob efeito de uma droga que entorpece mas impede o sono, um ópio sem sonhos, o impacto corrosivo dos mais de quarenta graus.

Mas aos 20 anos tudo é novidade — eu tinha a vida pela frente, havia recusado entrar para a universidade, que (eu imaginava) haveria de me destruir como escritor (até hoje não sei se eu estava certo), era dono do meu nariz petulante, e ir para o Acre de carona em um Cessna fazia de mim um pequeno simulacro de Saint-Exupéry. Apesar do calor, a lembrança de Cuiabá é boa — inclui um cinema de rua em que assisti maravilhado *Cabaret*, com Liza Minelli, enquanto potentes e barulhentos ventiladores distribuíam o ar quente pelas cabeças suadas da plateia cheia; e uma cerveja na calçada, estupidamente gelada, que descia fritando pela garganta.

Dali fui a Corumbá e em seguida para Vilhena. Vista do alto, naqueles tempos não era mais do que uma imensa pista de pouso no meio de nada, como se apenas prolongasse por outros meios a função do posto telegráfico aberto em 1910. Hoje, descer em Vilhena foi como descer no norte do Paraná ou no interior de Santa Catarina ou Rio Grande do Sul, até pela paisagem vista de cima, a geometria caprichosa dos quadrados e losangos da agricultura de escala. Descubro na Wikipédia que a cidade tem o melhor índice de desenvolvimento humano de Rondônia, o que de alguma forma é visível andando-se pelas ruas. E o modelo mais ou menos recorrente de prédios de três ou quatro andares, com varandas amplas, dá um toque diferente ao costumeiro e horrendo "padrão caixote" das cidades novas.

No encontro de que participei, promovido pelo campus de Vilhena da Universidade Federal de Rondônia, ao conversar com pesquisadoras sobre o conceito de regionalismo, me ocorreu o paradoxo de me encontrar no chamado "portal da Amazônia" e não perceber em nada a presença do "típico", ou "exótico", que desde José de Alencar tenta definir a nossa brasilidade. É um Brasil feito a régua e compasso, e não mais ao sabor da picada de mula que classicamente desenhou nossa história.

[12/10/2010]

A TORNEIRA E A ÁGUA

Uma das imagens mais antigas da minha vida foi uma torneira velha, rosqueada num pedaço de cano enferrujado, que encontrei em alguma rua da minha infância. Estava com um vizinho de mesma idade, que afinal foi testemunha do meu projeto de engenharia. "Se a gente espetar esse cano na terra e esperar um pouco, é só abrir a torneira e vai jorrar água." As palavras reinvento-as agora, mas a ideia era essa. Uma lógica afinal irretocável, fruto da atenta observação de muitas torneiras em muitos quintais, brotando da terra com o apoio de um cano — todas funcionando. Por que a minha não funcionaria?

Era preciso escolher bem o lugar, de terra mais fofa, para facilitar a implantação daquele breve aparelho, e de tanto procurar acabei voltando para casa, com a assessoria do vizinho, tão ansioso quanto eu para comprovar a tese. Era mesmo uma euforia — uma torneira pessoal, com água à vontade, para criar uma usina particular, encher baldes de plástico, fazer lama, barro e — diriam as mães — emporcalhar o mundo.

Nos fundos de casa, o melhor ponto, decidi, seria próximo da parede, para que ninguém tropeçasse na torneira. A terra seca ali — inútil tentar abrir um buraco com as unhas, mas tentamos.

— Tem de enterrar muito fundo? — o vizinho perguntou, olhando as unhas sujas.

— Assim assim — expliquei com um gesto vago das mãos, para manter o comando técnico da operação. Mas também eu percebi que com os dedos o trabalho seria difícil. Em dois minutos encontrei uma faca velha e me pus a cavoucar o buraco, sob o olhar atento do vizinho aprendiz. Hoje divago se a atenção se devia à dúvida de que a torneira funcionasse ou se pela ansiedade de um milagre próximo, simples, funcional e lógico.

Buraco pronto e razoavelmente profundo, espetei o cano com capricho. O vizinho encheu a folga com terra e pressionou-a bem em torno do cano para deixar a obra firme e segura. Era hora de abrir a torneira, o que fiz com parcimônia e certa solenidade, talvez preocupado com os respingos do jorro d'água.

Nada. Ficamos contemplando a torneira aberta e cheia de vento durante alguns segundos, cabecinhas fervendo atrás de uma boa explicação. Senti a condescendência generosa do vizinho diante do fracasso que, agora, era inteiramente meu: "Talvez precise esperar um pouco para a água subir." Desconfiei de que ele sorria. Fechei e abri de novo a torneira, mas não pensava mais na água — apenas na profunda injustiça de que eu estava sendo vítima.

Mais de meio século depois, relembro o episódio para me assegurar de que, de fato, nunca fui precoce. Tento lembrar em que momento da infância Jean Piaget localiza o estalo abstrato capaz de entender a relação entre a água e a torneira, só para saber se meu atraso era grande. Não importa — passei o resto da vida espetando canos na terra para ver se jorrava água. Dizem que às vezes dá certo.

[21/12/2010]

A PRIMEIRA CRÍTICA

Meu primeiro crítico literário foi um professor de ciências do Colégio Estadual, lá pelo segundo ou terceiro ano do antigo ginásio. Era um homem magro e alto, sempre de terno e gravata, com o cabelo revolto e a expressão torturada de um personagem de Dostoiévski — lembro até hoje do gesto eloquente com que ele demonstrava a lei da gravidade, alguém curvado resistindo à força tremenda que o puxava para baixo. Outra lembrança notável era o fato de levar a turma em caminhadas ao Passeio Público. Atravessávamos a rua da Casa do Estudante, então sem saída, e entrávamos felizes no parque atrás do mestre, como na cena de um filme inglês de época. Ele explicava os bichos e as plantas, avançando ao acaso e respondendo perguntas — uma aula completa ao ar livre.

Único senão aos meus olhos de criança militante, o professor era um anticomunista ferrenho. Lembro de um relato dramático que ele fez sobre uma família que havia conseguido fugir da União Soviética. Uma experiência tão terrível que o pai em poucos dias ficou com os cabelos completamente brancos, o que foi um gancho para outra aula de ciências. Como em casa eu vivia rodeado de adultos comunistas, grevistas e revolucionários, ouvindo o dia inteiro conversas dos mais velhos sobre o horror da ditadura brasileira recém-implantada, não conseguia entender (matutando em silêncio, é claro) como o professor poderia ser contra a Rússia, baluarte do comunismo e porta de entrada do Paraíso.

Mas relevei essa falha e o escolhi para mostrar um dos meus primeiros poemas. O tema era o carnaval — o que mostra que o carnaval curitibano há quarenta anos até que conseguia inspirar um adolescente. Bem, o texto era incrivelmente ruim. Lembro apenas os dois versos do refrão de cada estrofe: "O carnaval assim é / com muita dor no pé." Pés quebrados e horrendos, mas lá fui eu, no fim de uma aula, mostrar a obra ao mestre eleito.

Atencioso, ele pegou meu poema e começou a ler. Eu sorria, tentando adivinhar o tamanho do elogio que eu iria repetir faceiro em casa, onde meu prestígio andava em queda. Mas a face do professor foi ficando séria, quase carrancuda. Num gesto brusco, virou o verso da página, como para descobrir alguma sequência ou algum segredo, voltou à poesia, impaciente, e enfim sacudiu o papel:

— Quem escreveu isso?!

Teria eu trocado a página? Não, era o poema mesmo — confessei:

— Fui... eu...

Ele devolveu o papel, acusador:

— Isso não foi você que escreveu.

Virou as costas e sumiu. Custei a entender — ele me acusava de plágio. Assim, a primeira crítica que recebi foi moral, não estética. À distância de quase meio século, não lamento. É tentadora a ideia de dar ao incidente algum sentido e decidir que, naquele instante, pressenti que o problema central da literatura seria antes ético que técnico. Talvez, mas não pelo momento, que apenas indicava que ele não conhecia nada de literatura.

[01/02/2011]

EDUCAÇÃO PELO CINEMA

É difícil medir qual o grau de influência que o cinema exerce hoje na nossa vida. Certamente é grande, mas já repartindo a sua presença com a televisão e com a internet, num liquidificador de imagens, linguagens e valores. Filtrado por esses meios, o cinema ganha outra natureza, mais fragmentária, tornando-se uma arte de consumo caseiro, "individual". E o advento da tecnologia em 3D indica a direção de uma indústria que tenta recuperar o seu terreno mais pelo fascínio dos efeitos que por eventuais conteúdos. A relação do espectador com a imagem mudou em substância, perdendo o ritual coletivo de um mundo ainda comunitariamente estável. Não sabemos se e quando a revolução atual se estabilizará em algum ponto; estamos exatamente no centro de uma mudança.

Mas, para os que cresceram e se tornaram adultos entre 1940 e 1980, o cinema foi uma presença hegemônica que definiu padrões de estética, ideologias, modas, comportamentos, propaganda, linguagem — tudo foi tocado por ele. E era um fenômeno profundamente comunitário. A ida ao cinema era um ritual socializante que acontecia no espaço público da rua. Ao mesmo tempo, o cinema nos transformava a todos, digamos, em "intelectuais". Poucos leem um livro até o fim, mas qualquer um consegue ver um filme e dizer o que achou. À parte o entretenimento que sustentava a indústria, bons filmes (e sempre havia bons filmes) eram estimulantes. Discutia-se desde o comportamento dos personagens até a insidiosa "propaganda americana"; em outras rodas, a ousadia estética do diretor, ou a estonteante nudez de Brigitte Bardot implodindo a tradicional família cristã. (Sim, sou do tempo em que mulheres nuas eram um escândalo.)

Na virada dos anos 1970, em torno da Boca Maldita,* que eu frequentava adolescente ouvindo conversa de gente grande, havia os cines Avenida, Ópera, Rívoli, São João, Arlequim, Astor, Plaza, Condor (esqueci algum?), todos a dois ou três minutos dali. Lembro de frases memoráveis que ouvi, afinando minha educação crítica: "A câmera ainda é indócil nas mãos de Antonioni" — Antonioni era um dos cineastas-cabeça obrigatórios para qualquer candidato a intelectual; outro era Godard. A vertente política era poderosa. Lembro que o filme *A confissão*, de Costa-Gavras, denunciando o horror stalinista, mereceu de alguém a observação de que "toda partícula da realidade é profundamente mentirosa", na clássica dialética de justificar o injustificável. Em outro momento, o belo filme *O estrangeiro*, de Visconti, baseado no romance de Camus, foi aprovado com louvor.

Mais tarde, o crescimento da televisão e a nefasta cultura do shopping center, que vampiriza o espaço público das cidades, acabaram por destruir de vez o cinema de rua nos países periféricos, como o Brasil, antes mesmo que as novas tecnologias da imagem mudassem o padrão da indústria do cinema no Primeiro Mundo.

[22/02/2011]

---

* Tradicional ponto de encontro no calçadão da rua 15 de Novembro, centro de Curitiba, onde acontecem desde acalorados debates sobre política e futebol até comícios e manifestações.

XADREZ RENOVADOR

Minha primeira ligação com trabalho em jornal não envolveu literatura. Na verdade, comecei como, digamos, um jovem empreendedor de 14 anos, fundando com um colega um periódico mimeografado que tinha o nome de *Xadrez Renovador*. Sim, eu jogava xadrez. Pior: fui um adolescente fanático pelo jogo, um fato tanto mais grave quanto menos competente eu era no tabuleiro. Aprendi a mover as peças (e não "pedras", como diriam os "patos") e em seguida me caiu um livro de xadrez nas mãos, o que faz uma diferença fantástica nesse primeiro momento. Em poucas páginas se aprendem dicas que, por conta própria, levam-se anos para perceber, o que dá uma instantânea ilusão de inteligência e sabedoria, que é tudo de que um adolescente precisa para sobreviver no seu mundo selvagem.

Dali a fundar o jornal foi rápido. Eu saía do trabalho no escritório da Marechal Floriano e em poucos passos pegava o elevador que me levava ao Clube de Xadrez. Era fascinado pelos relógios do jogo, com seus dois mostradores, e pelos enxadristas que, entre goles de conhaque, jogavam torneios-relâmpago (partidas de apenas cinco minutos). Os finais de jogo, com os ponteirinhos pendurados em segundos mortais, eram sempre eletrizantes — se é que um jogo de xadrez pode ser eletrizante. O *Xadrez Renovador* tinha umas quatro ou cinco páginas compostas em estêncil. Para a geração do computador ficar sabendo, uma revolução inteira no mundo foi feita à base de estêncil, o blog da época. Estêncil era uma folha porosa com um cheiro forte, que, depois de datilografada, prendia-se numa roda metálica movida por uma manivela. Um recipiente de tinta fazia o serviço de impressão. Esse conjunto pré-histórico se chamava "mimeógrafo". As folhas saíam meio borradas, as mãos ficavam imundas, mas o jornal, depois de grampeado, era razoavelmente legível.

No *Xadrez Renovador* havia transcrição de partidas (com anotações do tipo 12.C3BR-B5T, e eu sempre acabava trocando alguma letra na datilografia, o que exigia correções a caneta em cada exemplar) e artigos sobre temas como "Defesa siciliana" ou "Gambito do rei".

Xadrez "renovador" por quê? Bem, no início dos anos 1960 tudo tinha de ser "renovador". E a Guerra Fria encontrava no xadrez, há um século dominado pelos russos, um símbolo poderoso. No melhor espírito do tempo, eu gostava dos jogadores "românticos", em particular de Mikhail Tal, um enxadrista mirabolante, de imaginação prodigiosa, que arriscava o jogo em combinações complicadas. Análises frias mostram que seus movimentos eram suicidas, mas os adversários quase nunca tinham tempo e talento para avaliar todas as possibilidades no calor da partida. Com o seu método guerrilheiro, Tal chegou a campeão do mundo — um Che Guevara que deu certo. O jornal durou uns três números, quando enfim me caiu a ficha de que talvez eu tivesse mais futuro escrevendo do que jogando xadrez.

[28/06/2011]

AS PALAVRAS E O TEMPO

Ao chegar criança em Curitiba, em 1961, meu primeiro choque foi linguístico: um vendedor de rua oferecia "dolé". Para quem não sabe, era picolé. O nome "dolé" me soava tão estranho que só a custo parecia se encaixar naquele objeto que eu sempre conhecera como "picolé". Os anos passaram e os dolés sumiram. A última vez que os vi foi nas ruínas de uma parede no litoral, onde se podia ler em letras igualmente arruinadas pelo tempo: "Fábrica de dolés."

Com o tempo, as estranhezas linguísticas vão ganhando outro contorno, mas sempre com a marca que o tempo vai deixando nas formas da língua. Lembro que, pouco a pouco, comecei a ouvir pessoas dizendo "emprestei do Fulano", quando para meus ouvidos o normal seria "peguei emprestado do Fulano"; ou então emprestamos a ele. "Emprestar" só poderia ser "para alguém"; o contrário seria "pedir emprestado". Mas em poucos anos o estranho passou a ser "pedir emprestado", e a nova forma foi para o Houaiss. Um linguista diria que se trata de uma passagem sutil de formas analíticas para formas sintéticas. Quando o telefone começou a se popularizar, também se popularizou a forma "telefonar na tua casa"; assim, "eu telefono na casa do João" não significa ir até a casa do João para usar o telefone dele, que no início parecia a única interpretação possível, mas sim telefonar para a casa dele. E, com a multiplicação do dinheiro de plástico, pagar a conta com cartão de crédito se transformou sub-repticiamente em pagar a conta no cartão de crédito, o que sempre me pareceu esdrúxulo. Bem, sem dinheiro para pagar à vista, a gramática não importa mesmo, e vamos pagando no cartão.

A língua não para, mas seus movimentos nunca são claramente visíveis, assim como jamais conseguimos ver a grama crescer — súbito, parece que ela já foi trocada por outra. O advento da informática e dos computadores é um manancial sem fim de palavras e expressões novas, ou expressões velhas transmudadas em outras. Um dos fenômenos mais interessantes, e de rápida consolidação, foi também a criação de verbos para substituir expressões analíticas. "Priorizar" ou "disponibilizar", que parecem tão comuns, com um jeitão de que vieram lá do tempo de Camões, na verdade não terão mais de vinte anos — e também já estão no Houaiss. Na antiquíssima década de 1980, dizíamos "dar prioridade a" e "tornar disponível". Bem, as novas formas ainda têm uma aura tecnocrática. Em vez de "disponibilizar os sentimentos", preferimos ainda "abrir o coração". Mas outras novidades acertam na veia: "deletar" entrou definitivamente no dia a dia das pessoas. Já ouvi alguém confessar: "Deletei ela da minha vida."

Piorou a língua? De modo algum. A língua continua inculta e bela como sempre, como queria o poeta. Ela segue adiante — nós é que envelhecemos, e, às vezes, pela fala, parecemos pergaminhos de um tempo que passou.

[20/09/2011]

DESASTRES DA MEMÓRIA

Há muitos e muitos anos, no tempo em que os animais falavam, eu tinha boa memória. Até os vinte e poucos anos, lembrava até de quem assinava a orelha dos livros, enumerava bibliografias completas com anos de lançamento, tradutores obscuros, edições desaparecidas e até o capista. Lembro de uma noite em que brilhei na Boca Maldita, só por ser o único a lembrar que havia, sim, uma tradução do último romance de William Faulkner chamada *Os desgarrados*, na capa uma linda aquarela de Eugênio Hirsch, que fazia aquelas capas revolucionárias da editora Civilização Brasileira, quando o padrão gráfico do livro no país era um horror. Lembro até que o personagem central era Boon Hogganbeck, poucos anos depois representado por Steve McQueen num filme de 1969 (só a data, confesso, conferi agora, em um segundo, nesse milagre da internet), a que por acaso assisti anos depois. Mas não só isso: sabia também todos os adversários e resultados dos jogos do Brasil nas Copas do Mundo de 1958, 1962 e 1966, aquele fracasso na Inglaterra; e tinha certeza absoluta (por isso me tornei definitivamente um cético) de que o Brasil perderia vergonhosamente a Copa de 1970, nem que fosse só para dar uma lição na ditadura. O Brasil e a ditadura triunfaram, e, como se houvesse relação entre uma coisa e outra, fui perdendo a memória.

O engraçado é que esse primeiro balaio de lembranças ficou firme na minha cabeça, tanto que estou aqui recontando sem esforço. Dali para diante, os fatos se embaralham, as décadas se achatam em longos períodos de mesma coisa, mas eu ainda guardava números de telefone na cabeça e sabia relacionar com uma grande margem de acerto nomes de pessoas às imagens correspondentes, como se a vida fosse apenas um desses jogos de cartões que se distribuíam simétricos na mesa, a face oculta, para que se adivinhem os pares.

Mas ultimamente, embora eu ainda saiba o meu endereço de cor e seja capaz de recitar o CPF em blocos ritmados de três em três números (tenho de pegar embalo, digamos, musical; se paro para pensar, erro a sequência), me acontecem vácuos de memória, brancos súbitos e inexplicáveis, lacunas mentais — uma palavra que quero escrever e que está aqui na ponta da língua, por capricho se esconde teimosamente, onde deixei o diabo dos óculos, qual o nome daquela pessoa que já vi mil vezes, que me cumprimenta com simpatia, e que eu, monstro ingrato, sou incapaz de lembrar?

Não é grave, porque, assim como as coisas somem, elas voltam em instantes iluminados. Dizem que esquecimentos são eventos psicanalíticos; na teoria, esquecemos por vingança, haveria um eu secreto em nossa alma conspirando por conta própria, o que aumenta minha aflição. Prefiro achar que é só um pouco de velheira, e muito dessas máquinas que nos tiram a carne e o osso das coisas e nos jogam para sempre numa nuvem abstrata de bits e chips.

[27/09/2011]

A CADEIRA DE CLEÓPATRA

Fui a São Paulo participar de um Congresso de Literatura e, à noite, justa recompensa pela tarefa cumprida, encontrei velhos amigos para beber cerveja. Como os paulistas também são um pouco curitibanos e gostam de obedecer à lei, parece que lá ninguém mais sai à rua de carro quando vai a bares e restaurantes, o que está deixando os taxistas felizes e reduzindo as estatísticas dos desastres — os costumeiros carros e bêbados esmagados nos fins de semana. E lá estava eu numa pizzaria simpática, numa esquina da Alameda Santos, onde acontecia um lançamento coletivo de livros. Muita gente, garçons apressados, e acabei por me instalar numa mesa generosa de amigos dos amigos, onde me vejo brindando com uma bela tulipa de chope, o colarinho exato.

Conversa vai, conversa vem, falamos ao sabor do acaso do trânsito, de romances, da vida, do jornalismo; gente chega, gente sai, e enfim percebo minha vizinha, uma jovem discreta com cabelo à Cleópatra, amiga de alguém da roda. "Você também é das letras?", pergunto — a pizzaria inteira parece uma extensão do Congresso. Ela me olha como quem olha um ET, um olhar de avaliação a um tempo tranquilo e profundo. "Não. Sou atriz." Sorrio: "Ah, muito legal!" Digo que gosto de teatro e tenho uma relação afetiva muito forte com o palco — toda a minha literatura veio dele, quarenta anos atrás. Ela indaga, cortês, se escrevo peças, há falta de bons textos, e eu digo que não mais, que a literatura tomou conta, que teatro exige envolvimento com a equipe, é um trabalho coletivo mesmo para quem escreve; e pergunto se ela trabalha com algum grupo. Mais uma vez, aquele olhar discretamente investigativo perfura meus olhos: "Não." E muda de assunto.

Os chopes se sucedem, as pizzas também, amigos e amigas vão sentando e se levantando, os assuntos dão a volta ao mundo e se concentram enfim no futebol — e sobramos três na boa solidão da madrugada, pedindo a conta. Lembrei que não sabia em que hotel eu estava, revirando os bolsos atrás do cartãozinho salvador com os dados anotados que, milagrosamente, recolhi do chão, ainda legível — e, falando em nome, afinal quem era aquela moça sentada aqui, aquela de cabelo preto?

— A Alessandra Negrini.

— Quem?

Agora eram eles que me olhavam com aquele mesmo olhar estupefato. Como assim, "quem"?! Em que planeta você vive? A moça tinha acabado de fazer papel de gêmeas numa novela das oito, vista por milhões de brasileiros. Já foi capa da *Playboy*. É a Cleópatra do novo filme do Bressane.

Idiota, fiquei olhando a cadeira vazia de Cleópatra. E sou reincidente. Uma vez, patrono numa formatura da Comunicação, perguntei ao paraninfo, Serginho Groisman, se ele era professor aqui da Federal.[*] É muita ignorância. Preciso urgentemente voltar a assistir tevê. Cartão pisoteado na mão, entrei num táxi e pelo menos consegui achar meu hotel de volta.

[29/07/2008]

---

[*] Universidade Federal do Paraná (UFPR), onde Tezza foi professor de língua portuguesa durante 24 anos.

VIAGENS PELA LEITURA

DE AVIÕES E LIVROS

Não tenho medo de avião — só um pouco. Sim, eu sei que, depois do elevador, o avião é o meio de transporte mais seguro do mundo, mas na vida o importante é a sensação, não a realidade, que, todos sabemos, só existe para os outros. E a sensação é de inapelável fragilidade. Com o pé no chão, sempre dá para correr. Dentro do avião — bem, dentro do avião eu leio, compulsivamente, de modo a não precisar olhar para nada nem pensar em nada, a não ser naquele mundo paralelo que meus olhos vão criando enquanto leem. Súbito, descubro que já cheguei, quando todo mundo se levanta ao mesmo tempo para ficar trinta minutos apertado em pé até o pessoal de terra achar a porta do avião.

É verdade que os aeroportos não têm mais o charme de antigamente, quando uma passagem custava uma barra de ouro; agora, sinal dos tempos, a rígida fronteira social felizmente se esgarçou, os preços baixaram, há mais competição de fato do que (por exemplo) nos postos de gasolina de Curitiba, e um Brasil mais variado já frequenta as salas de espera, do frenético usuário de celular à velhinha pondo os óculos para descobrir o portão de embarque. De fato, são multidões. E multidões sempre espicaçam o sentimento de uma nobreza perdida; a classe E invade a classe D, que se acotovela sobre a classe C, já se transformando quase em B, enquanto a A — bem, a classe A se refugia nas salas VIP, quando pode, e o mundo do consumo inventa nichos especiais, espaços A+, Sala Plus, Nuvem de Ouro, e por aí vai, nessa luta por distinção que só a cor do dinheiro dá.

Não sem reclamações — num daqueles acampamentos de refugiados do Aeroporto do Rio de Janeiro, durante o pico da crise da aviação, ouvi uma senhora gritar em altos brados para o funcionário que a culpa era deles, vendendo passagem de graça para aquele "povinho". Quase emprestei um livro para ela parar de dizer besteira, mas esse pessoal não devolve depois. Bem, na verdade, não lê. Lê-se muito pouco no Brasil, e os aeroportos, com seu tempo de espera generoso, dão uma boa medida do mundo brasileiro visto de cima: quase ninguém lê. Talvez seja culpa das livrarias de aeroporto, que gostam de calhamaços de setecentas páginas — ao sentar no avião, você tem de decidir entre o livro e o joelho. Para ler (e para não ver o céu muito de perto), sempre prefiro o corredor, que a perna estica uns centímetros a mais. E o ideal é levar de dois a três livros (avião chega rápido, mas demora a sair), em torno de duzentas páginas, para emergências. Aquele livro promissor pode terminar antes do previsto; na minha síndrome, é bom ter outro imediatamente à mão. Enfim, cada louco se defende como pode. E há cada vez mais gente enterrada em notebooks, o que é uma forma de autismo mais sofisticada. Mas livros não precisam de bateria, não atraem larápios, são leves e flexíveis, podem ser usados durante o voo e continuam funcionando mesmo maltratados.

[01/07/2008]

RAZÃO E MAGIA

Numa palestra em Foz do Iguaçu, perguntaram-me sobre o que lia quando jovem e que livros recomendaria hoje. Sobre a atual literatura infantojuvenil, sou incapaz de fazer uma lista — perdi contato com a área, e hoje há um mundo editorial para jovens impensável nos meus tempos de criança. Na verdade, nos anos 1950 as crianças ainda eram consideradas "pequenos adultos", não raro assumindo responsabilidades que os pais não viam como incompatíveis com a pouca idade. Seguia-se uma hierarquia rígida, rituais de obediência que começavam pelo tratamento de "senhor" e "senhora" aos poderosos pai e mãe. Os libertários anos 1960 corroeram essa máquina familiar fechada, criando o modelo bem mais permissivo que hoje nos domina, para o bem e para o mal.

Lembrando minhas primeiras leituras, vejo que houve também uma mudança importante de visão de mundo. Comecei, como milhões de brasileiros, lendo Monteiro Lobato, um autor cuja diretriz primeira era "racionalizante". Tudo que se falava no célebre Sítio do Picapau Amarelo, a partir do atrevimento da boneca Emília, procurava explicar o mundo pelos olhos da razão e da lógica; não havia mistério que não pudesse ser desvendado, trazido à luz, posto sob controle. No mundo de Lobato, a inteligência era um valor altamente positivo, de fato o único que contava; suas fábulas tinham sempre um sentido desmistificador.

O segundo autor que me fascinou foi Júlio Verne, um autêntico iluminista. Também sob o domínio da razão, os heróis de Verne devassavam todos os confins da Terra como quem abre um mapa a ser decifrado — a ciência era o grande motor do mundo, e o progresso, um valor positivo, desde que colocado ao lado do bem, por sua vez uma qualidade nítida, facilmente reconhecível. Enfim, já no ginásio do Colégio Estadual, devorava as aventuras de Sherlock Holmes. O clássico detetive de Conan Doyle era outra afirmação da razão: desvendar os mistérios de um crime é tirar dele a aura do incompreensível, do mágico ou do místico, e iluminá-lo pela poderosa luz da lógica, juntando pistas esparsas e delas extraindo a verdade.

Em síntese, fui criado por esse ideário, que nas décadas seguintes entraria em choque com a emergência de outro quadro de valores, então revolucionário — a revalorização do Oriente, a mística do mundo natural *versus* o materialismo do Ocidente e a descrença da clássica razão iluminista. Uma descrença que não veio em favor da "razão dialógica" (de que tanto carecemos, a organização tolerante das diferenças), mas de fundamentalismos políticos, religiosos, messiânicos, opressivos. De certa forma, o atual império dos alquimistas, templários, senhores dos anéis e mesmo do paganismo simpático do mundo de Harry Potter que hoje abarrotam as leituras dos jovens foi criado pela implosão dos valores que fizeram a cabeça "racional" do século 20.

[19/08/2008]

LEITURAS

Às vezes, uma leitura se preserva durante décadas não exatamente pelo que estava escrito, mas pelas circunstâncias e pelo espírito do tempo, que se marcam como pontos de referência de uma vida inteira. Lembro que li *Viagem ao centro da Terra*, de Júlio Verne, num dia 26 de dezembro, atravessando a madrugada dos meus 13 ou 14 anos, até que virasse a última página. Como queria o autor, vivi a sensação de conhecer a Islândia e sua capital, Reykjavik, e o herói do livro, Arn Saknussen, um nome avulso que vem me acompanhando, com seu exotismo sonoro, como uma palavra mágica — Saknussen! — por mais de quarenta anos. Já o livro *Um estudo em vermelho*, de Conan Doyle, com uma aventura eletrizante de Sherlock Holmes e uma capa vermelha encadernada, está inextricavelmente ligado a uma carteira escolar do Colégio Estadual, escondido sob o caderno de latim; em vez de decorar declinações, como devia, eu acompanhava a lógica implacável do detetive decifrando a palavra "rache", escrita com sangue na parede do quarto onde jazia um cadáver. Às vezes as lembranças vêm em duplas: *Os irmãos Karamázov*, de Dostoiévski, e *Cem anos de solidão*, de Gabriel García Márquez, estão ambos no mesmo compartimento da memória: um alojamento da Escola de Marinha Mercante, no Rio de Janeiro, em 1971, em leituras noturnas durante a guarda da meia-noite às quatro.

Outra dupla marcante foi a dos livros *O senhor das moscas*, de William Golding, e *O deserto dos tártaros*, de Dino Buzzati — eles não têm absolutamente nada em comum, exceto o fato de terem sido comprados no mesmo dia e devorados na mesma semana, numa casa de madeira à beira da lagoa da Conceição, em Florianópolis, em 1984. Tão forte foi a impressão dessas duas obras-primas que até hoje, sempre que penso em uma delas, me lembro da outra. O livro de Golding refez meu imaginário romântico sobre as crianças; e o de Buzzati colou-se à minha alma como uma metáfora da universidade, em que eu entrava naquele ano como professor auxiliar.

O romance *A consciência de Zeno*, de Italo Svevo, está indissoluvelmente ligado na minha memória à cidade de Antonina e às minhas tentativas de deixar de fumar, já aos 20 anos, como um velho precoce. Também de lá vem a lembrança de *O imoralista*, de André Gide — um pequeno livro de bolso ensebado da editora Bruguera, e com ele nas mãos ouço a voz do mestre barbudo W. Rio Apa, comparando-o com *O estrangeiro*, de Albert Camus, lido à mesma época. *Infância*, de Graciliano Ramos, vem à memória num trem para Morretes,* lido num vagão de segunda classe com os bancos vermelhos de ripas, que deixavam o traseiro do freguês igual a uma carambola.

A trilogia *Sexus*, *Nexus* e *Plexus*, de Henry Miller, comprada num sebo, me lembra a escada do prédio de casa, que subi de quatro em quatro degraus, para devorá-los às escondidas — naqueles tempos inocentes, sexo se aprendia com literatura.

[07/07/2009]

---

* Como a acima mencionada Antonina, outra pequena e histórica cidade do litoral paranaense.

UM MUNDO SEM SEBOS

O grande assunto do mundo do livro, hoje, é o livro eletrônico. Basicamente, é um arquivo digital que se baixa via internet, celular ou aparelho especialmente desenhado para isso, para ser lido na telinha. Há anos se fala dele e de suas vantagens: não pesa, não ocupa lugar no espaço, custa muito menos que o livro de papel. E, como efeito colateral, dispensaria bibliotecas, estantes, pó e traças. Ele veio em ondas: primeiro falou-se em livro-cedê (alguém se lembra das primeiras enciclopédias em disco?), depois em arquivos simples em formato texto para ser lidos no computador, e finalmente apareceram os primeiros "leitores", maquininhas projetadas para leitura, com o tamanho de um livro e um botão de "virar páginas". Algumas até imitavam o ruído de uma página virando.

Mas a coisa não pegava. Preço alto, reflexos na imagem, limitações de formato, falta de hábito. Recentemente, a Amazon Books, a maior livraria virtual do planeta, lançou um modelo que caiu nas graças dos americanos, de tal forma que o livro eletrônico passou a ser o grande assunto das feiras internacionais do livro. A razão do entusiasmo é que se vinculou ao aparelho — que aliás imita a página impressa com uma qualidade que os anteriores não conseguiam — uma rede universal já instalada de arquivos digitais, a própria Amazon. E ela está entrando forte no mercado, propondo associações com editoras importantes do mundo inteiro, o que inclui também as brasileiras.

Esse é um tema fascinante, sob qualquer aspecto. São mudanças radicais, tanto na relação do usuário com o objeto quanto na relação comercial subsequente. Sim: muitos dirão que é chato ler um livro num monitor. Eu mesmo não consigo ler mais do que três páginas — além disso, melhor imprimir e ler. Mas pensemos nas novas gerações, nas crianças que já aprendem a soletrar no computador. Essa multidão está prontinha para o livro digital. No Brasil, há um detalhe suplementar curioso: a população foi historicamente "educada" do ponto de vista visual — lembremos que para a metade do país a tevê chegou antes do livro. E, no aspecto comercial, desenha-se uma revolução incrível: nada impede que eu formate um livro em casa e o ponha à venda diretamente numa grande rede digital, dispensando a tradicional editora.

Bem, são apenas especulações — na verdade, ninguém sabe o que vai acontecer com o livro digital. De minha parte, nada contra. Como não tive autorama quando criança, sou até hoje fascinado por tudo quanto é quinquilharia eletrônica. Mas tenho certeza absoluta de que o velho e bom livro vai continuar firme e forte durante séculos. Não se trata de "ou um ou outro", mas apenas de um e outro convivendo pacificamente, cada um com seus nichos de leituras e leitores. Cá entre nós, fico com o livro de papel. Seria muito triste um mundo sem a delícia dos sebos, dominado somente por abstrações digitais — e sem capas!

[17/11/2009]

VENDO CINEMA, LENDO UM FILME

Avatar é desses filmes que me dão vontade de dizer que não vi e não gostei. Quanto mais leio críticas e referências, mais cresce minha má vontade. Que a história é idiota, isso sabemos todos — afinal, para isso servem os *blockbusters*: levantam aquela poeira e não fica nada no cérebro de ninguém. Se o leitor já viu, vamos ver se acertei: vilões nítidos, mocinhos a toda prova, uma história de amor perdida nos escombros. Já me disseram também que há um toque anti-imperialista no filme — acho que Hollywood deve ter se rendido ao charme latino de Hugo Chávez. Defende-se também a vida natural, é claro. Milhões de espectadores entopem os shoppings de carros para ver o filme e saem das salas com o sorriso beatífico de quem rendeu culto à natureza. Ao mesmo tempo, recursos artificiais de última geração realizam o sonho da imagem em terceira dimensão: "Parece de verdade."

Tudo bem — o leitor dê o desconto; estou só exercendo o direito biológico-constitucional de ser rabugento depois dos 50 anos. Vamos ficar nesse aspecto mais frio — os efeitos em três dimensões que começam enfim a realizar a utopia da "falsa realidade". Consta que, quando os irmãos Lumière projetaram a clássica chegada de locomotiva no primeiro filme da história, parte da plateia saiu correndo apavorada, como se a imagem trêmula em preto e branco projetada na tela fosse mesmo um trem de verdade.

O cinema, pelo poder fantástico da fotografia que se move, potencializou a ilusão da representação a um grau jamais alcançado pelas outras artes. Como metáfora, podemos dizer que o que era "leitura", um processamento mental, abstrato, transformador, passou a ser percepção instantânea, um ato quase que puramente sensorial que se esgota em si mesmo. No romance *Admirável mundo novo*, a obra-prima de Aldous Huxley publicada em 1932 e que parece ganhar atualidade quanto mais o tempo passa, o cinema tinha essa função puramente sensorial — ver um filme equivalia a participar de uma divertida sessão de montanha-russa. Não é nem o clássico escapismo de quem precisa curtir uma comédia romântica de final feliz para aliviar as tensões da vida; é pura experiência epidérmica mesmo. Será esse o destino do cinema?

Eu vejo um outro caminho: o lado performático do cinema, que deseja fundir o espectador na obra, tem a contrapartida guerrilheira do computador, do celular, do filme visto em casa em escala pequena (ou mesmo nas telonas de parede) — o que muda inteiramente a lógica da recepção. A multiplicação de opções via internet faz do filme um "texto" a ser lido individualmente — dá para "voltar a página", reler uma cena, interromper a leitura, como se fosse um livro. E com a vantagem adicional de que em casa não há em torno aqueles chatos barulhentos comendo um balde de pipoca e comentando as cenas em voz alta.

[26/01/2010]

LIVROS PELA METADE

Arrastei muitos sentimentos de culpa pela vida afora, como se, em vez de um bom e simples catoliquinho brasileiro, eu tivesse nascido um calvinista rigoroso, dos que não brincam em serviço. De quase todas as culpas fui me livrando, mas restou uma, teimosa, que continua resistindo a todos os meus argumentos liberadores: sinto-me mal cada vez que abandono um livro pela metade. É menos uma questão literária, estética, qualitativa, e muito mais uma sensação de incompletude de algo importante que deixei para trás.

Como defesa psicológica, invento que, na verdade, não estou largando um livro; apenas interrompendo a leitura para retomá-la, quem sabe, em condições melhores. Mas às vezes é apenas um truque. Quando lá pela página 13 eu leio duas vezes o mesmo parágrafo e continuo sem pensar no que está escrito; quando na página 16 sinto uma urgência incontrolável de conferir os e-mails; quando, virando a página 22, dou uma olhadinha nas páginas seguintes para ver se aquele capítulo está próximo do fim; quando ergo os olhos do livro e prego-os no telefone, à espera de uma chamada salvadora que me obrigará a parar a leitura; quando enfim, na página 25, percebendo que não há nenhuma chance de eu ser salvo por um *deus ex machina*, dou então um suspiro, coloco o marcador na página interrompida e largo o livro já com uma desculpa engatilhada na ponta da língua, na hipótese absurda de alguém me perguntar a respeito: "Amanhã eu continuo."

Mentira descarada. O livro ficará abandonado uns dois ou três dias. Segunda fase, irá à prateleira do limbo, livros que acabam de chegar, que estão sendo lidos, que espero ler em breve e, os patinhos feios, os que estão pela metade. Última etapa, irá para a estante definitiva, por ordem alfabética do sobrenome do autor. Há uma hipótese redentora: alguém me pedir emprestado o pobre volume, o que para mim é um alívio — dou mais uma chance ao texto e livro-me tanto do livro como da culpa de mau leitor.

Esse é o caso típico de rejeição. Mas a grande maioria não se enquadra nessa faixa. Por exemplo: gosto muito de comprar livros em viagem, por impulso, que começo imediatamente a ler. Mas, chegando ao destino, outras urgências me atropelam e o livro fica para trás. Às vezes retomo romances ou ensaios que interrompi anos antes, mas jamais perdi de vista.

A leitura pela metade pode ser também um investimento de longo prazo. Há dois anos comecei a ler a biografia monumental de Dostoiévski, de Joseph Frank, em quatro volumes. Li os dois primeiros em poucos dias, como quem devora um romance de aventuras. Empaquei no terceiro, justamente no melhor momento (ele começa a escrever *Crime e castigo*), já há mais de um ano, por uma torrente sem fim de compromissos. Mas o simples fato de saber que o volume está na prateleira me esperando tornou a minha vida melhor.

[05/10/2010]

LEITURAS DE DESEMPREGADO

Uma das delícias da minha vida de autoaposentado é ler a pilha de livros que há anos aqui em casa espera um tempo livre. O tempo continua curto, mas já consigo administrá-lo melhor. Agora encarei um conjunto de obras do historiador Eric Hobsbawm. Comecei por *A era das Revoluções*, em torno do eixo da Revolução Industrial e da Revolução Francesa, e avancei ao segundo volume, *A era do capital (1848-1875)*, o momento em que a emergência do dinheiro enfim globalizou a Terra. Praticamente tudo que acontece no mundo hoje tem suas raízes na expansão do capital do século 19.

Hobsbawm, de quem já se disse ser um "marxista atávico", é antes de tudo um narrador maravilhoso que amarra pontas econômicas, sociais e culturais de modo a dar um sentido possível ao caos dos fatos que se amontoam na história. Com ironia inglesa, começa o livro advertindo-nos de que ele odeia o período de que vai falar, a ascensão do capital — e aqui o "atávico" faz sentido. Ao mesmo tempo, tudo que define a civilização ocidental, da abolição da escravatura ao advento do iPad, ao fim e ao cabo, derivou da máquina do capital — o lado "bom", se é que há bondade nessa história. De terrível, a expansão imperial do Ocidente, cuja infinita superioridade tecnológica funcionou como um trator onde quer que chegasse.

Por acaso, esbarrei no capítulo "Perdedores", em que o Egito é citado, ao lado da China: "Ambos eram Estados independentes com base em antigas civilizações numa cultura não europeia, minados pela penetração do comércio e das finanças ocidentais [...] e sem capacidade para resistir às forças militares e navais do Ocidente." Em consequência, os governos locais "começaram a se desintegrar diante do impacto ocidental". No século 19, não havia opção senão ficar sob controle direto ou indireto dos conquistadores. O próprio Hobsbawm nasceu no Egito, em 1917, fazendo dele mesmo a prova viva de sua tese.

O problema (e para o capital tratava-se de "solução") é que a ocidentalização exerce um fascínio que transforma para sempre o povo conquistado, dos espelhinhos distribuídos aos índios, no século 16, às metralhadoras contrabandeadas para facções africanas, no século 20. A passagem cultural para o Ocidente costuma ser um pacote completo e uma viagem sem volta — o que eventualmente derruba ditaduras e arma o milenarismo religioso.

Se os trinta anos de Mubarak estabilizaram a dependência mútua da ditadura e do Ocidente, a revolução das ruas que explode agora pode ser vista, novamente, como um mundo que se desintegra pelo mesmo impacto ocidental — agora da internet, da revolução da informação, da distância entre uma estrutura obsoleta de poder e as exigências irreversíveis dos novos tempos. Sim, há a sombra política da Irmandade Muçulmana, mas não parece claro ainda que ela vá repetir no Egito a regressão iraniana que se seguiu à queda do xá.[*]

[08/02/2011]

---

[*] Tezza faz referência a dois episódios históricos ocorridos no Oriente Médio: o primeiro, mais recente, a queda do ditador egípcio Osni Mubarak, início dos levantes populares que ficaram conhecidos como Primavera Árabe; o outro, a derrubada do xá Reza Pahlevi, em 1979, com a subsequente instalação do regime dos aiatolás no Irã.

FICÇÃO, REALIDADE E TERROR

Não gosto do gênero "terror", em cinema ou literatura, talvez pela minha obsessão racionalizante; entre Sherlock Holmes e Drácula, sempre prefiro o detetive. Mas, lendo um ensaio ou um livro de história, às vezes envered pela realidade do terror, o momento em que a condição humana perde a referência e a vida não encontra nenhuma âncora. A sobrevivência é o acaso. O terror de Estado, que se propõe político, é na verdade a morte final da política. O tema me vem de *Sussurros* (Record), um livro monumental do pesquisador inglês Orlando Figes, que faz uma varredura detalhada e arrepiante da vida cotidiana na União Soviética sob Stálin. Pelo progressivo controle do Partido Comunista, da máquina de propaganda e dos braços policiais, amparados por uma ausência completa de uma ordem ou direito legal além da palavra do ditador, Stálin criou uma sociedade destruída ou pelo medo, ou pelo fanatismo. Entre um e outro, uma horda voraz de oportunistas encontrava seu lugar (sempre incerto) na burocracia que empurrava o império.

Depois do desastre da coletivização forçada do campo, que matou mais gente de fome do que qualquer outro projeto agrário do século 20, fez-se a industrialização à custa do trabalho escravo e semiescravo dos "campos de trabalho" e *gulags*. É inacreditável, mas os servos do tempo do czar levavam uma vida melhor. Sob Stálin, mais de um milhão de pessoas foram fuziladas, em "julgamentos" sumários. Processos eram encenados com confissões espetaculares de complôs inverossímeis e absurdos. Para os agentes de segurança, havia cotas a cumprir. Não era raro militantes fiéis, honestos, apaixonados pela revolução, assinarem de bom grado confissões estapafúrdias e aceitarem o próprio fuzilamento em patriótica autoimolação.

Lembro que, anos atrás, quando li *1984* (Companhia das Letras), de George Orwell, a célebre distopia do século 20 sobre um mundo totalitário, fiquei intrigado com a obsessão do poder em arrancar confissões das pessoas, quando nada o impedia de simplesmente eliminá-las, num mundo sem nenhum eixo de valor. Pelo mesmo espírito da Inquisição, era preciso dobrar as pessoas antes de matá-las. A tortura tornava-se um instrumento imprescindível de trabalho — ela dava algum sentido ao absurdo. Parecia um exagero ficcional de Orwell, um terror gratuito. Lendo *Sussurros* — uma obra amplamente documentada pelos arquivos que se abriram na Rússia pós-abertura —, percebi que o romance de Orwell estava muito aquém da realidade.

O assustador é que a base do totalitarismo — a ideia de que, para funcionar, o Estado precisa eliminar os diferentes — encontra farta defesa num certo senso comum, ou no nosso instinto de achatar a realidade. Stálin e Hitler não surgiram do nada, como demônios incompreensíveis. Milhões de pessoas comuns embarcaram entusiasticamente no mesmo delírio.

[26/04/2011]

O FIM DO PAPEL

Uma vida de papel — esta seria uma boa definição para as gerações que nos antecederam. Papelada da burocracia, papelada do Judiciário, papelada dos escritores e dos leitores, papelada das cartas, dos carimbos, dos cartórios, e a onipresente papelada dos jornais, das revistas e dos livros. Desde Gutenberg, e assim que o Estado moderno foi se constituindo como uma máquina centralizada de controle dos cidadãos, o mundo do papel foi se multiplicando até o limite. Abria-se uma gaveta, e o que se encontrava? Papel caindo pelas bordas. Ainda hoje sentimos um toque mágico na ideia de permanência física que o papel evoca: uma "escritura", um "contrato", um "documento", um "manuscrito" são objetos que mantêm uma certa aura sagrada. Por outro lado, na sua versão profana, "papelada" lembra tudo que é burocrático, chato, redundante ou simplesmente estúpido nesse mundo em que temos de provar tudo por antecipação e a nossa palavra, por princípio, não vale nada.

E de repente me ocorreu que, hoje, só uso papel-moeda, o bom e velho dinheiro, para comprar pão e pegar táxi. No mais, como quase todo mundo, uso um cartão de plástico com uma senha (através do qual, outro detalhe, posso ser rastreado eletronicamente quase que 24 horas por dia, na sequência de minhas compras cotidianas, num controle com que nem o mais paranoico ditador conseguiria sonhar). E semana passada terminei de ler uma biografia digital de Vera Nabokov, que viveu 66 anos com o célebre escritor Vladimir, de mesmo sobrenome — que, aliás, escreveu *Lolita* e todos os seus livros em fichas de papel. Uma "biografia digital", ou, melhor dizendo, um e-book. Foram quatrocentas ou seiscentas páginas (não sei; depende do tamanho da letra que se escolhe para ler) que li apertando um botãozinho do Kindle, uma tabuleta eletrônica vendida pela Amazon. As vantagens: não ocupa espaço, e uma única tabuleta pode conter cerca de cinco mil livros, uma fantástica biblioteca pessoal. As desvantagens: não dá para "folhear" um livro digital, nem voltar rapidamente, de um golpe, ao primeiro capítulo, só para conferir um detalhe, o nome de um personagem ou uma data. Um livro digital é sempre mais duro de manejo. Talvez os primeiros leitores de "livros", no século 15, também sentissem saudades dos rolos de manuscritos (que, aliás, voltaram à moda no final do século 20, nos monitores de computador).

Está claro que o livro digital não vai acabar com o de papel — eu mesmo já separei as áreas: prefiro ler não ficção em formato digital, e ficção no papel. Mas já há alguns anos não escrevo mais em papel, além de lista de supermercado (e escrevi dez romances a mão!). Nenhuma das minhas crônicas foi sequer impressa aqui em casa, o que faz da impressora, esse mimeógrafo sofisticado, uma entidade já em franca obsolescência. Às vezes imprimo uma foto. Mas já ando até pensando em comprar um porta-retrato digital.

[05/07/2011]

A ADÚLTERA E O ASSASSINO

Qual o maior romance do século 19? Essa é uma daquelas perguntas que não fazem sentido, mas que, pela simples formulação, nos lançam imediatamente a um jogo que parece colocar todas as coisas em jogo. Ao responder (e não pode haver aqui, é claro, "resposta certa"), dizemos nitidamente quem somos. Em um conto maravilhoso, Borges nos fala de uma classificação de animais que, no seu desejo de exaurir todas as possibilidades, inclui os animais furiosos, os que não existem e os pintados com pelo fino de camelo. Cito de memória, cronista preguiçoso, mas não tem importância se errei: esses também fariam parte da lista.

Arrisco dizer que, entre todas as imensas possibilidades de preencher a ideia do "melhor do século" — *O vermelho e o negro*, de Stendhal, *As ilusões perdidas*, de Balzac, *Anna Karenina*, de Tolstói, por exemplo, puxando a brasa para alguns livros que eu amo —, dois seriam certamente finalistas: *Madame Bovary*, de Flaubert, e *Crime e castigo*, de Dostoiévski. Há quem incluiria nessa lista *Memórias póstumas de Brás Cubas*, do nosso Machado, e seria um candidato fortíssimo. Mas, como sou eu que estou fazendo a pergunta e estabelecendo as regras ao meu arbítrio, acrescento que a condição de melhor deve incluir necessariamente a extensão de sua influência artística e intelectual, e nesse tópico, esquecido no exílio brasileiro, Machado sai perdendo já na largada. É um critério arriscado que ponho na mesa; um purista diria que a qualidade é sempre um valor intrínseco, o que para mim seria uma redução a absurdo, porque nenhum valor é "intrínseco", e nesse momento a discussão na mesa do bar iria esquentar, mais uma cerveja, alguém levantaria a voz, os argumentos chegariam aos gritos e a crônica acabaria sem chegar a nenhum lugar, exceto rancores entredentes, como se literatura fosse futebol. Mas voltemos ao ponto.

Coloco na raia *Madame Bovary* e *Crime e castigo* porque ambos exerceram uma influência irresistível nos cem anos seguintes da literatura mundial, e continuam ressoando, em campos mais ou menos diferentes. O romance de Flaubert, de 1857, conta a história de um adultério: a provinciana Madame Bovary desgraça sua vida ao se apaixonar por um aventureiro e destruir seu casamento. Sem nenhum sentimentalismo, Flaubert vai corroendo os pressupostos morais e culturais da sociedade em que vivia, num livro considerado tecnicamente perfeito. Já em *Crime e castigo*, de 1866, Dostoiévski, às vezes levianamente acusado de escrever mal e não saber terminar seus livros, acompanha a agonia ética de Raskólnikov, que assassina uma velhinha avarenta para lhe roubar algumas moedas, com uma justificação revolucionária: que utilidade aquela velha agiota tinha para o mundo? Com Dostoiévski, entramos na modernidade da "moral utilitária", que seria devastadora no século 20 e até hoje nos assombra.

Qual o melhor? O leitor decide.

[25/10/2011]

RELATIVISMO E MORAL

Tenho lido alguns ótimos livros que tocam sempre nas mesmas teclas. Começou com *Romantismo: Uma questão alemã*, de Rudiger Safranski (Estação Liberdade), que especula o quanto o movimento romântico alemão do século 19 criou as raízes políticas do espírito nazista. Em suma, a ideia romântica de romper com a tradição, assimilar um individualismo radical e "criar um novo homem" estaria na base dos movimentos totalitários do século 20.

Outro livro, *A beleza salvará o mundo*, de Tzvetan Todorov (Difel), estuda três artistas como "aventureiros do absoluto": o irlandês Oscar Wilde, o alemão Rainer Maria Rilke e a russa Marina Tsvetaeva. Se Wilde foi condenado à prisão por homossexualismo e Tsvetaeva sofreu na carne a ditadura soviética, Rilke é lembrado como alguém que considerava Benito Mussolini um líder que "modela a nação italiana da mesma maneira que ele próprio dá forma à língua ou que Rodin trabalha a argila". As opiniões de Rilke, um dos grandes poetas europeus, chegam a ser assustadoras para uma sensibilidade contemporânea, mas eram naturais no seu tempo. Um poeta deve ter direito ao "absoluto". Como morreu em 1926, não pôde conferir no que deu o "absoluto político".

Em *Um coração inteligente*, o filósofo Alain Finkielkraut (Civilização Brasileira) estuda nove autores marcantes do século 20, discutindo a fronteira moral entre indivíduo e Estado. São ensaios que extraem dos romances uma essência reflexiva, talvez sua vocação contemporânea. Que moral é possível em situações totalitárias? Analisando *A brincadeira*, de Milan Kundera, ou *Tudo passa*, de Vassíli Grossman, Finkielkraut investiga a ética possível quando se vive sem liberdade. Em outro momento, compara as posições de Albert Camus e de Jean-Paul Sartre, ícones populares do chamado movimento existencialista que marcou o pós-guerra. Enquanto Sartre transigia com a violência e o conceito de terror em nome dos valores maiores da revolução, Camus recusava-se em qualquer caso a aceitar o crime como meio político legítimo. Estivessem vivos hoje, Sartre diria que a execução de Gadaffi* foi um acidente irrelevante num quadro histórico maior, e Camus (por acaso, um argelino), que foi um ato irredimível de barbárie.

Enfim, em *O mesmo homem*, de David Lebedoff (Difel), uma ideia original se tornou um livro fascinante. Lebedoff compara as vidas de dois escritores ingleses absolutamente diferentes: Evelyn Waugh e George Orwell. O primeiro, um satirista de gênio, foi uma figura aristocrática convertida ao catolicismo; o segundo é o célebre autor de *A revolução dos bichos* e *1984*, um socialista ateu, que, lutando contra Franco na guerra civil espanhola, viu-se condenado à morte pelos stalinistas, escapando por pouco. Mas ambos tinham em comum este ponto fundamental: recusavam o relativismo moral. O que continua sendo uma questão inescapável do nosso tempo.

[15/11/2011]

---

* O ex-ditador líbio foi executado por rebeldes depois de rendido, no episódio que marcou o fim definitivo de uma ditadura de mais de quarenta anos — outra das consequências da chamada Primavera Árabe, citada em nota anterior.

MOACYR SCLIAR (1937-2011)

Sempre senti Moacyr Scliar como um escritor curiosamente da minha geração. Começou a publicar somente nos anos 1970, passando a ocupar um novo espaço na narrativa brasileira depois do domínio por décadas dos conhecidos clássicos brasileiros do século 20, a constelação formada em torno de Graciliano Ramos, Jorge Amado, Clarice Lispector, Guimarães Rosa. Por ser gaúcho, representava um contraponto ao então império do chamado "eixo Rio-São Paulo", assim como Dalton Trevisan já se tornara, desde os anos 1960, com *Cemitério de elefantes*, a referência obrigatória de Curitiba no cenário do país.

Minha leitura de *O centauro no jardim*, de 1980, foi impactante. A história do colono judeu que tem um filho centauro conciliava a liberdade da fábula e da fantasia, terreno em que Scliar era um mestre, com um olhar realista, sem retórica, volteios estilísticos ou ênfase. Um contador de histórias radical que falava inventando, e essa foi sua marca. Ao mesmo tempo, o livro dava tematicamente uma dimensão universal à literatura brasileira, pela sua raiz judaica. Era o exotismo da imaginação, e não dos nossos velhos clichês. Como linguagem, tratava-se de um contador de histórias de uma límpida simplicidade, o que por si só abria um caminho original, de substância urbana, para o nosso romance. Lembro que nessa época, escritor iniciante, mandei a ele a primeira edição de *Juliano Pavollini*, e recebi uma carta de uma generosidade para mim surpreendente.

Em 1997, Scliar publicou *A majestade do Xingu*, talvez o seu melhor romance. A história de um judeu russo que, no leito do hospital, conta a sua vida desde que veio ao Brasil em 1921 é a síntese do talento de Moacyr Scliar. O personagem queria ser Noel Nutels, o célebre sanitarista — passou a vida desejando ser um "duplo". Humor e tragédia se mesclam nesse romance, que repassa momentos importantes da história brasileira (um pano de fundo que estaria presente em muitos de seus livros, como o último, *Eu vos saúdo, milhões*, o relato de um comunista que sai do interior gaúcho para trabalhar no Cristo Redentor). E há as suas "reconstruções bíblicas", em que Scliar submete o peso da cultura judaica a um olhar absurdamente contemporâneo, como o maravilhoso *A mulher que escreveu a Bíblia*.

Vi Scliar pela última vez na Feira do Livro de Ribeirão Preto. Numa mesa-redonda com Carlos Heitor Cony, ele contou um episódio saboroso da vida de seu pai — ao desembarcar no Brasil, no início do século 20, estava ansioso por conhecer a banana, essa fruta mítica para o imaginário europeu. Era o próprio pai que lhe contava: sem saber o que fazer quando lhe ofereceram uma banana, ele abriu a fruta cauteloso, tentando adivinhar seu segredo, jogou fora o "caroço" e comeu a casca. Dessas lembranças maravilhosas, dizia Scliar, nasceu o escritor — de que sentiremos muita falta.

[01/03/2011]

VIDA DE TORCEDOR

VIDA DE TORCEDOR

Como já estou me tornando um velho ranzinza, cada vez mais gosto menos de sair de casa. Penso em recusar convites só pelo prazer de ficar no sofá da sala, colando figurinhas no álbum do Campeonato Brasileiro e lendo o caderno de esportes, pensando todos os dias numa solução milagrosa para o Atlético não cair para a série B. Meu filho Felipe sempre tem soluções mágicas, que ele propõe do nada, estalando os dedos: "E que tal se a gente contratasse o Ronaldinho Gaúcho? Ideia boa?" Tudo em nome de uma imaginária irmandade rubro-negra, que reuniria o nosso Atlético cheio de glórias, o goianense, o Sport de Recife, o Flamengo, o Milan da Itália e, pegando uma carona, até o Internacional, que tem camisa vermelha. Bem, se jogando o que joga o Ronaldinho não está conseguindo dar jeito no Flamengo, não sei como ele se sairia por aqui. Mas não desanimo o Felipe, e garanto com fé: "Fique tranquilo que a gente vai conseguir com o nosso plantel mesmo!"

A partida contra o Palmeiras eu não vi, engarrafado na Bienal do Livro do Rio de Janeiro. Havia tanta gente que às três da tarde tiveram de fechar o estacionamento. Mais tarde, faltou água e o sistema de cartão de crédito caiu. Diziam os especialistas que, pela primeira vez, montar um estande na Bienal deu lucro de fato, com aquelas filas imensas diante dos caixas. Eu esperava o pior. Para o Atlético, é claro, que andava meio pessimista, não para a Bienal. Participei de um ótimo café literário com Adriana Lisboa e Luiz Ruffato, falando justamente sobre "vida de escritor", e por um ato falho quase me referi à vida de torcedor. Bem, vida de escritor, para mim, tem sido pular de um hotel para outro. E quando finalmente saí da Bienal para jantar, mal aproveitei o badejo grelhado, remoendo-me sobre como andaria a partida — não transmitiam o jogo no restaurante.

No hotel, soube do empate e fiquei tranquilo. Grandes esperanças. Se o time levou um gol e reagiu, e levou outro e reagiu de novo, não está morto. E com um jogador a menos. A recuperação do Atlético — sonho com uma manchete futura — será o fato mais sensacional do ano. Já estou com a crônica prontinha na minha cabeça, mas não escrevo agora para não dar azar. Dali fui a São Paulo, onde participei de um evento chamado muito a propósito Encontros de Interrogação, debatendo produção literária contemporânea. E participei de uma série de entrevistas sobre personagens brasileiros, comentando o vampiro de Curitiba, o imortal Nelsinho de Dalton Trevisan. De novo em casa, tive a alegria de ver a vitória do Atlético, em que Guerrón renasceu das cinzas e, mesmo com um a mais e uma pressão sem fim, o Flamengo só conseguiu um gol ajeitado com a mão. A vida continua: esta semana tem uma grande Semana Literária na Santos Andrade, com Feira de Livros e encontros com escritores de manhã e à noite. E, domingo, enfrentamos o Figueirense.

[13/09/2011]

O DENTISTA COXA-BRANCA

Dentista é como escola — a gente só vai porque é obrigado. Sei que é politicamente incorreto falar mal dos dentistas, reforçando o preconceito contra aquela cadeira incrementada que parece nave espacial, com suas luzes e aparelhos cintilantes, mas para algumas coisas não há eufemismo possível. A essa altura da vida, sentar ali é só ouvir notícia ruim. E aguentar as broncas enquanto ele espeta nossos dentes, o cenho fechado: *Quando você veio a última vez mesmo? Hum...*

Segue-se a preparação, que se tempera com algum assunto leve, o tempo, vai chover, semana passada até que fez calor, de fato, nessa quadra não dá para estacionar — e ele aciona o pedal. Você começa a subir, ajusta-se a altura, ele põe o babador (é o único lugar do mundo, desde a pré-infância, em que alguém põe um babador em você e você não reclama), você sente a súbita inclinação, desarmado, e o panorama começa a se assemelhar a uma sessão dos torturadores do antigo Doi-Codi tentando arrancar a confissão do aparelho comunista junto com um dente: "Abra a boca", e você obedece, olhos arregalados, o facho de luz direto no rosto. É o momento em que me vejo como uma figura de um museu de História Natural, o maxilar pré-histórico aberto com os dentões à mostra — dentes são objetos primitivos e incontroláveis, avessos à evolução natural, sobras de uma outra era tentando encaixar suas garras disformes num espaço que não foi feito para eles; e lá vem o som do motorzinho, aquela broca requintada de produção de sofrimento, tudo perfeitamente projetado para você se sentir mal.

Até aí, tudo bem. É a minha penitência. Tivesse me cuidado, nada disso estaria acontecendo. Mas, entre uma perfuração e outra, a salivada borbulhando no anzol do aspirador espetado no meu beiço, ouço a voz gentil e traiçoeira do dentista: "E o gol do Henrique Dias, hein? Estragou a festa de vocês." Eu não posso fazer nada. Minha boca aberta está presa por uma focinheira de borracha, língua inchada pelo anestésico, o lábio formigante de nervos maldormidos, a broca acertando o fundo do canal com a precisão de acupuntura chinesa. "Vocês até que chegaram pertinho." Agarro os braços da cadeira para não fazer besteira contra essa covardia coxa-branca, busco algum mantra mental que me acalme. "Dessa vez o Atlético perdeu a pose!" — e a broca avança pela caverna da minha alma.

Penso em pagar com um cheque sem fundos, o que seria pouco pelo que passei. A dúvida persiste: será que ele sabia que eu sou um atleticano tribal, que ele correu risco de vida, que o que ele fez é passível de processo no Procon? Tentei dizer algo, mas mordi a língua anestesiada, a cara intumescida — impossível assobiar. Um dia para esquecer. Respirei fundo. Meu lado zen enfim venceu. Saí de lá com uma promessa radical: ou o Atlético arruma um time decente para o Brasileirão, ou juro que nunca mais vou ao dentista.

[06/05/2008]

INDIANA JONES EM BRASÍLIA

Quis o acaso que me encontrasse súbito sozinho em Brasília numa tarde de domingo, num hotel seco como o ar, à espera do dia seguinte — e pela janela via apenas um deserto de carros cortando o cerrado. Único plano, assistir o jogo do Atlético contra o Goiás pela televisão. Quem sabe transmitissem? Nada, a vida sem assunto, eu atrás de notícias. Pedi à família que me mandasse torpedos dos gols, e me aventurei ao léu. Como todos sabem, Brasília não tem esquina, mas desemboquei num daqueles caixotes horrendos cheios de lojas, que o povo ama e lota nos dias santos.

Entrei na caverna, indeciso entre um pedaço de pizza, um livro ou voltar ao hotel, olhando vitrines sem ver o que olhava, passeando de escada rolante, uma tarde arrastada e sem fim. Acabei num guichê de onde saí com um ingresso para o filme de Indiana Jones, o que me deu um surto juvenil: escapar desse domingo abrindo uma porta do tempo, ocupar duas horas vazias, recheá-las de nada e sair dali mais feliz.

A utopia começou bem — mesmo com o barulho da comilança de pipoca, ouvi um torpedo e conferi no escuro: "Gol do Atlético." Comecei a achar o Harrison Ford um grande herói. Duas fileiras atrás um sujeito animado contava o filme para a namorada, explicando todos os detalhes assim que eles aconteciam: "É claro, dentro da geladeira o Indiana Jones não vai sentir os efeitos da radiação!" Mas não tive tempo de me irritar — conferi o celular, que apitou discreto: "Gol do Atlético." Nada mal, dois a zero!

O locutor continuava: "Mas não é que esse gordo é da CIA?! Agora está explicado!" Continuei seguindo o circo de tolices cativantes rolando na tela, ainda que com a sensação de que esse último filme da série parecia mais um churrasco juntando o pessoal antigo para uma pelada de casados contra solteiros, todos usando as velhas fantasias só de farra, e o celular apitou de novo. Suei frio — deve ser deles. Não, era nosso: "Gol do Atlético." Não consegui mais ver o filme direito, na dúvida: esse celular está com defeito, manda o mesmo gol várias vezes. Mais um pouco — aquela corrida maluca lá na tela ("Ah, agora eles vão cair na cachoeira", anunciou o locutor, preocupado), e outra notícia que eu não sabia mais interpretar: "Gol do Atlético." É isso que está acontecendo?! O poder daquele crânio dolicocéfalo de cristal, igual à caveira gigante da Baixada,* parecia surtir efeito lá da tela — me concentrei, olhei fixo para ele e outro torpedo apitou: "Gol do Atlético." "Nem pense em pegar o chapéu do Indiana, cara!", torceu o locutor, na cena final. Saí dali nervoso, enquanto subiam os créditos: cinco a zero mesmo?! Um entreouvido de torcedores confirmou a goleada. Foi um dos melhores filmes que assisti na minha vida.

Já no último sábado, não fui ao cinema e perdemos da Portuguesa. Mas acho que não tem relação. Jogando como jogou, nem o Indiana Jones resolvia.

[17/06/2008]

---

* Apelido do estádio atleticano, o Joaquim Américo, ou Arena da Baixada, localizado no bairro da Água Verde, em Curitiba. A caveira é o símbolo, e adereço comum exibido nos jogos, da maior torcida organizada do Atlético, Os Fanáticos.

CLUBE ATLÉTICO PARANAENSE

Sou um osso duro para receber homenagem. Um pouco por timidez e muito por autocrítica (a sensação de que quem me homenageia está de fato levando gato por lebre), acabo ficando quieto no meu canto. Bicho-grilo anos 1970, não fui nem à minha própria formatura. Mas ser homenageado pelo Atlético Paranaense, meu time do coração, isso é irrecusável. Na verdade, peguei carona na homenagem ao Felipe, meu filho. Tudo bem — a malandragem quase inocente faz parte da cultura do futebol, o pai explorando o filho, de modo que lá fomos nós, no jogo crucial contra o Vitória, onde recebemos, num encontro de uma simpatia e de uma simplicidade maravilhosas do Departamento de Imprensa do clube, uma placa muito bonita, que já está em lugar de honra aqui em casa. E mais duas camisas personalizadas e autografadas, que, junto com a placa, tornaram-se objeto de veneração dos atleticanos amigos, veneração regada a cerveja e a gritos em cada lance emocionante, que têm sido em grande número — é verdade que em geral mais de susto que de alegria, mas vamos levando.

E que jogo contra o Vitória! Como se repetiria contra o Botafogo, tudo certo, o time jogando razoavelmente, exceto aquele chute final que põe a bola na rede, mas que para nós se recusa a entrar. Uma tortura chinesa. Antes de começar, perguntaram ao Felipe qual seu ídolo, e ele tascou imediatamente "Alan Bahia!" — justíssimo, afinal, porque foi o Alan Bahia que fez o gol da vitória e o milésimo gol atleticano nos Brasileirões, além de nos salvar, com um golaço, de uma derrota contra o Botafogo. Mas eu acho que o verdadeiro herói atleticano deste ano, dentro de campo, foi o [goleiro] Galatto, que com a ponta dos dedos vem nos resgatando de um desastre muito maior; e, fora do campo, nosso São Geninho, esse técnico extraordinário cuja misteriosa alquimia com o rubro-negro em poucas semanas transformou uma nau de desesperados em alguma coisa sólida parecida com um time de futebol e até com momentos verdadeiramente bons. O homem certo, no lugar certo, na hora certa — poderia ter sido já lá naquela fatídica terceira rodada para nos poupar de um ano tão ruim, mas nesse caso o futebol teria lógica e perderia a graça. Parece que alguma substância masoquista faz parte inseparável desse esporte. Torcemos para sofrer, e sofremos mesmo — não é brincadeira. Mas sofreríamos muito mais se não tivéssemos o Geninho para acertar o time. Pela primeira vez levar um gol já não é derrota certa; pela primeira vez, duas vitórias seguidas; pela primeira vez, uma boa sequência sem perder. Ainda estamos a perigo, mas não tenho nenhuma dúvida de que nos livramos da queda. As razões técnicas ficam para os especialistas em futebol da *Gazeta*, dos quais sou leitor aprendiz e atento. Falo como torcedor mesmo, dos tribais, que tentam desviar a bola para a rede só com a força do pensamento.

[25/11/2008]

NIETZSCHE, O ETERNO RETORNO E O FUTEBOL

No último domingo, pela manhã, deixei prontinha uma bela crônica falando sobre Nietzsche, a teoria do eterno retorno e sua relação com o futebol — e, é claro, a vitória espetacular do Atlético sobre o Coritiba, o que já teria lhe garantido a taça por antecipação. Imaginei entrevistas alegres e calorosas no final do jogo, antecipei a festa aqui em casa e a comemoração com os vizinhos. Fiquei calculando até o que ia dizer ao dentista coxa-branca, que, um ano atrás, usou a broca como vingança, enquanto eu, amarrado na cadeira, não podia responder. Texto pronto, feliz da vida, foi só abrir a cerveja e esperar o jogo. Bem, antes de falar da partida vou retomar um pouco o paralelo que tentei fazer, mesmo com a cabeça inchada — e não mais de cerveja.

O filósofo Nietzsche esboçou o conceito de "eterno retorno", que, numa síntese leiga, é a ideia de que a vida repete sempre os mesmos fatos e sensações e essa repetição eterna nos limita. Talvez uma boa explicação didática possa ser encontrada no futebol, já que as partidas não funcionam como entidades isoladas — aliás, ninguém dá bola para amistosos. O que interessa mesmo é a cadeia dos campeonatos, a dura sequência de jogos em que se contam pontos para a vitória final. O ciclo dos torneios tem assim o poder de controlar o tempo, medi-lo e organizá-lo em temporadas que eternamente se repetem. Porque, também no futebol, a vida continua e, conforme a surrada mas sempre útil sabedoria popular, nada como um dia depois do outro.

No ano passado, o Atlético ganhou o jogo e perdeu o campeonato. Neste ano, perdeu o jogo, mas pode ganhar o campeonato. Aliás, tenho certeza absoluta de que vai levantar a taça, depois de um longo tempo de sofrimento — é a lei do eterno retorno, misturando um pouco a teoria do filósofo com o desejo do torcedor. Mas, como nada é fácil, ainda teremos de encarar amanhã o Corinthians de aperitivo, que vem embalado com o gol do Ronaldo — por falar em eterno retorno —, o gol mais bonito dos últimos tempos. E na Copa do Brasil cada partida é uma batalha quase irremediável. Pode ser o grande momento para o Atlético se centrar, um momento épico (como aliás o momento que os coxas devem ter vivido domingo passado). Sinto que a equipe parece sempre cair mais por falta de equilíbrio emocional que por carência técnica, e transparece ainda uma indecisão sobre qual é afinal a formação titular do time. O problema é que no futebol parece que todos os santos são de barro, e é para eles que temos de rezar e sofrer durante o jogo. E vejam só, pessimistas: continuamos em primeiro lugar.

Pois eu ia comentar o Atletiba. Mas, com o espaço chegando ao fim, melhor dizer das vantagens do romancista sobre o cronista. Aquele cria a realidade; este se arrasta atrás dela, escravo fiel. E a realidade digamos que está mais à frente, domingo que vem, quando se fecha um ciclo.

[28/04/2009]

MISTÉRIOS DO FUTEBOL

As melhores perguntas são as que não têm resposta. Por exemplo: qual o mistério do futebol? Não sei. Olhando de longe, é um grupo de marmanjos uniformizados participando de uma gincana, todos correndo atrás de uma bola sobre um gramado retangular marcado com linhas brancas. A bola deve ser levada a pontapés para dentro de uma rede sustentada por traves. Só um dos rapazes de cada grupo pode segurar a bola com a mão. Quem controla tudo é um sujeito mais velho, de uniforme diferente — quando esse homem trila um apito, o que faz com frequência, todo mundo para de correr e olha para ele. Às vezes ele tira do bolso um cartão amarelo e mostra para alguém, que quase sempre dá uma risadinha e faz "não" com a cabeça, as mãos na cintura. Se calha de ele pegar um cartão vermelho, que vale mais, o sujeito sai furioso do campo e não volta. Em torno do gramado sempre tem umas arquibancadas cheias de gente berrando e sacudindo bandeiras. Quando a bola vai para dentro da rede — o que é relativamente raro —, as pessoas de parte das arquibancadas se levantam todas ao mesmo tempo e fazem uma gritaria demorada, incompreensível e feliz; outra parte fica quieta e triste.

Imagino que, pela descrição, vocês entenderam mais ou menos o que é o futebol, mas alguma coisa ficou faltando. É a mesma sensação que tenho quando tentam me explicar o beisebol: um bando de quarentões barrigudos de ceroulas ridículas com bonés na cabeça que, de vez em quando, jogam uma bolinha de criança para acertar a cabeça de um sujeito agachado com um capacete no rosto e uma luva

deformada na mão; de costas para ele fica um cara amea-
çador balançando um perigoso porrete na mão. De vez em
quando um deles larga tudo e dispara a correr meio que sem
direção (o campo é torto), tentando agarrar a bolinha que
voa. Parece que é isso.

Claro, faltou tudo. No caso do futebol, eu me pergunto
por que esse esporte, sendo simples como uma brincadeira de
criança, é capaz de me transtornar tão completamente. Crise
do Senado, queda de avião, gripe suína — passo correndo
pela parte séria do jornal e me detenho profundamente na
recuperação de Alex Mineiro e no gênio de Paulo Baier, o Zi-
dane da Baixada. Grito com os jogadores como se eles pudes-
sem me ouvir. Proponho substituições tão óbvias que só o
burro do técnico não entende. Pior: fico feliz se o juiz não
marca uma falta escancarada do meu time e furioso se ele
apita um pênalti contra que de fato houve. Tudo que é moral-
mente errado me atrai: faço cálculos detalhados na classificação do Brasileiro, no desespero de ver o Atlético um ou dois
degraus acima, enquanto com o rabo do olho investigo, mesquinho, a queda do Coritiba — equipe de grandes amigos
meus, e até da minha própria mãe — com uma felicidade secreta mas angustiada, porque afinal amanhã tudo pode virar
do avesso. Por que o futebol faz isso comigo?

Não sei.

[25/08/2009]

NOTÍCIAS DO MÊS

Ataques matam 92 pessoas e aterrorizam a Noruega. Empresa cria spray colante para defesa pessoal. Morre criador da boneca Barbie. Vulcão Puyehue transforma a paisagem de cidades da Argentina. Homem é preso por receber notas falsas. Mão de obra está em falta na colheita de café em Minas Gerais. Sobem a 80 mil os afetados pela chuva.

Cantora Amy Winehouse é encontrada morta em Londres. TSE prevê plebiscito na primeira quinzena de dezembro. Ataque cibernético ao FMI buscava informações privilegiadas. Choque de trens na China mata 32. Vídeos eróticos fazem políticos renunciarem na Turquia. Dilma cria mais um ministério. Berçários e escolas dão aulas de inglês a bebês de quatro meses.

Obras inacabadas revelam desperdício de dinheiro público. Exército sírio toma controle da cidade de Jirs al-Shughur. Jovem se irrita com demora em hospital e quebra sala de atendimento. Veja 25 maneiras de usar um cachecol no frio do inverno. Japão detecta nível excessivo de estrôncio no mar de Fukushima. Com duas armas, homem atira em barraca de churrasco e mata um.

Jovem tem overdose ao engolir crack durante abordagem policial. Almoço está 16% mais caro. Explode mais um bueiro da Light. Motorista dirige por 30 quilômetros na contramão na rodovia Anhanguera. Medalhistas olímpicos trocam socos em Mônaco. Curitiba e região registram oito mortes violentas no fim de semana. Quadrilha assalta ônibus em Mandaguari.

Salas de aula brasileiras são mais indisciplinadas do que a média mundial.

Cor da pele influencia no trabalho, diz IBGE. Brasileiros já pagaram 800 bilhões em impostos este ano. Radicais vetam ajuda humanitária na Somália. Na noite de 23 de julho de 2011, sábado, o Clube Atlético Paranaense, segurando a lanterna depois de dez rodadas sem vencer, com apenas três gols marcados e dois pontos miseráveis na tabela, ganha a sua primeira partida do Brasileirão, por dois a um, contra o Botafogo. O primeiro gol, nascido de um passe exato de Kleberson, foi marcado com perfeição pelo já artilheiro do time, o uruguaio Morro, que matou a bola na área, girou caindo com o toque dos matadores, mandou para as redes e correu para o abraço. O segundo gol nasceu também de um passe exato, agora de Marcinho — e a bola encontrou a cabeça certeira de Morro, o homem certo no lugar certo e na hora certa como há meses não se via na Baixada, e entrou tranquila na rede. O Botafogo ainda fez um gol, depois de proporcionar por um bom tempo bolas na trave, rebatidas na área errada e minutos mortais de angústia ao cronista torcedor, mas aos 49 do segundo tempo o juiz terminou o jogo.

Enfim, uma boa notícia, uma notícia maravilhosa, um belo recomeço, uma grande esperança, neste mundo triste e sem porteira.

[26/07/2011]

NOTÍCIAS DE 2123

Na tarde de ontem, foi fechado o último estádio brasileiro, no Planalto Central — havia 97 pessoas na arquibancada, portando faixas saudosistas, e muitos levaram donativos não perecíveis aos jogadores. Além dessa ajuda, cada espectador pagou cinco vales-jogos (padrão à vista) para assistir ao espetáculo. O jogo, que estava zero a zero, terminou na metade do terceiro tempo, quando o goleiro Peçanha, de 53 anos, se sentiu mal — o centroavante Ahridysson, autor de quatro gols na temporada de 2097, no último torneio do país, emprestou sua velha camionete Pátria para levar o colega enfermo ao Hospital Unificado. Em solidariedade, os jogadores interromperam a partida, sob as palmas da plateia comovida, que incluía alguns familiares dos atletas.

O grande Elefante Branco, como era carinhosamente conhecido o campo de esportes projetado para a Copa do Mundo de 2014, mas que só ficou completamente pronto na Copa de 2054, ao custo total de 722 bilhões de vales-estádios (padrão a prazo), nunca chegou a ocupar seus 80 mil lugares, exceto nas Sete Marchas dos Apóstolos do Quarto Milênio. Na última delas, um desabamento no anel superior, provocando a morte de 322 pessoas, interditou durante três anos o local. Na próxima semana o Elefante será enfim demolido para a construção da Asa Norte do Arquishopping Urbano de Guarapimba III.

O tema do desaparecimento do futebol, um fenômeno que vem de longe mas que agora voltou a chamar a atenção dos estudiosos, tem sido objeto de mesas-redondas na televisão oficial do país. Ainda ontem o Canal do Estado encerrou uma grande enquete sobre o tema. O resultado foi curioso: apenas 7% da população sabe o que era "futebol", o que significava "escanteio" e como se devia cobrar uma "bola lateral" — muita gente afirmou que ainda deve ser cobrada com as mãos. Entre os que declaravam conhecer o antigo esporte, apenas 12% acertaram o número oficial de jogadores em campo (nove), e não mais de 7% sabiam que o jogo tinha três tempos de trinta minutos cada.

Filmes antigos, alguns já elaborados no hoje obsoleto sistema de 3D (que exigia curiosos óculos escuros especiais, sem fio, para apreciação das imagens), revelam as inacreditáveis multidões que enchiam as praças de esporte, de tal modo que muitos espectadores escreveram às redações sugerindo que aquilo era uma montagem grosseira de estúdio. Utilizando um método neocartesiano de patente finlandesa, um leitor comprovou a impossibilidade matemática de que a simples visão de pessoas chutando uma bola num cercado verde, sem a menor chance de o espectador entrar no campo e participar do evento, pudesse atrair aquelas multidões. A ideia de que países eram representados a sério por um conjunto de jogadores em competições intercontinentais, as célebres "Copas", descritas detalhadamente por um arqueólogo cultural, foi recebida entre risadas pelos próprios palestrantes.

[13/07/2010]

TERÇA-FEIRA

PRAZERES DA CASA

Um dos prazeres que sinto ao descer à praia e passar uns dias aqui embaixo é simples: abrir a porta e dar com um quintal, um gramado, a bola esquecida, a mureta adiante, árvores, o outro lado da rua, o vizinho passando — em vez de, como sempre, apenas encontrar a porta do elevador. Sim, vai um toque de passadismo nessa frase, a história de que "no meu tempo, sim, é que era bom", o velho chavão dos antigos, cada vez mais indóceis diante de um mundo que parece dar saltos toda semana. Bem melhor, diríamos, é a lentidão rangente do carro de boi na rua de lama.

Mas não caio nessa esparrela sentimental: tenho uma relação visceral com a abstração urbana, a geometria dos prédios, o mundo mental que povoa a cidade grande; gosto do conforto engavetado dos apartamentos. Adoro internet na veia, ver filmes sem hora marcada, investigar gavetas e, martelo e prego à mão, uma vez a cada três anos tirar um quadro da sala e colocar no quarto, e vice-versa; e pesquisar qual a marca confiável dessas horrendas lâmpadas fluorescentes que transformam tudo que tocam com a brancura sinistra de um corredor de hospital. Mas, como ainda não me transformei num cyborg completo, daqueles de trocar bateria nas costelas, que diabos, é bom abrir a porta e encontrar terra e ar, digamos, puro. (E aqui basta sair direto à rua e caminhar quarenta minutos medicinais à beira do mar, sem ter de enfrentar as calçadas curitibanas.[*])

---

[*] Famosas pelo perigo de entorses e tropeços que oferecem aos pedestres, as citadas calçadas merecem crônica à parte na seção "Curitiba no divã".

Na cidade, as casas tranquilas vão ficando cada vez mais inviáveis pelo aparato de segurança que exigem no mundo hostil do espaço público, a não ser na opção pelos novos fossos medievais, bairros inteiros protegidos do mundo real, verdadeiros apartamentos horizontais. Na cidade, tudo segrega.

Aqui nesta orla que até o Google Earth esqueceu, uma mancha difusa de dez anos atrás, ainda é possível alguma tranquilidade para curtir ao velho estilo os prazeres da casa. O homem caseiro é, antes de tudo, um operário em férias — há um prazer de infância na maleta de ferramentas, um bom alicate, uma chave de fenda, a fita isolante, o formão (ainda ontem dei uma ajeitadinha na porta do banheiro, prendendo na base — agora ficou perfeita, olhe só como fecha fácil, plact!). E o preço da felicidade é a eterna vigilância: tem goteira? Não, o novo telhado resistiu maravilhoso à chuvarada inclemente dos últimos dias, mas a janela dos fundos emperrou — será que a gente encontra à venda esse encaixe de alumínio? E me lembram que uma boca do fogão não está acendendo.

Claro, às vezes batem palmas na calçada — é alguém sorridente propondo recuperar minha alma de pecador com alguma oferta infalível de bem-aventurança e salvação eterna em troca de um pequeno auxílio que vale um brinde. Tudo bem, estou perdido mesmo; e adiante apita sonoro o inconfundível aviso salvacionista do sorveteiro. Um belo dia de sol nas frestas da chuva.

[24/01/2012]

MEU CARRO INESQUECÍVEL

O leitor não vai acreditar (e, por favor, não ria), mas o cronista já teve um Lada. Para quem não sabe, Ladas eram carros russos que pareciam saboneteiras, e que quando desembarcaram aqui, lá por 1990, causaram um certo *frisson*. A publicidade mostrava a careca sorridente de Gorbatchov, um homem em quem o mundo inteiro confiava, e também umas naves espaciais, para mostrar que os russos também eram bons em tecnologia. Mas, além do charme nostálgico do comunismo perdido, o principal mesmo era o preço: a carroça soviética vendia-se pela metade do preço de, digamos, um Gol, com as mesmas especificações. Era metade mesmo — não exagero.

Naquele tempo — a história é comprida —, a inflação mensal girava tranquila e pachorrenta em torno de 30% ao mês. Os mais jovens também não sabem o que é isso. Uma vez tentei explicar a um americano como sobrevivíamos assim e passei por mentiroso. Tentei também explicar o que era um "consórcio de carros", receber um carro por sorteio, outro por lance, e também não convenci. Pois bem, na época fui sorteado pelo meu consórcio, devendo ainda 18 das 36 prestações. Ora, por que não pegar um Lada e liquidar tudo? O curitibano é um ser econômico e calculista, odeia riscos e dívidas. Pois vim para casa feliz: "Querida, temos carro novo!" Um Lada branco, quatro portas, e com um inverossímil controle hidráulico de altura dos faróis! Só um Porsche teria esse recurso! Eu só deveria ter desconfiado da maleta de ferramentas, que incluía uma bomba de encher pneu, um pé de cabra, uma lixa de velas e até um regulador de platinado. Coisas úteis na vastidão da Sibéria.

O Lada começou a conspirar contra mim já no dia seguinte, travando a marcha a ré, que só destravava indo um pouco mais para trás, para soltar no tranco. ("É assim mesmo", explicaram na revenda.) Estacionar um Lada entre dois carros sem bater a traseira era obra de gênio. Depois estourou várias vezes uma misteriosa "corrente" — fiquei sócio do guincho. Enfim, pifou um tal "rotor elétrico" na subida do viaduto do Capanema, ao meio-dia. Um rotor soviético infalsificável — só outro idêntico, infelizmente em falta no mundo ocidental, faria o carro andar. Ainda sonho com aquela orquestra dodecafônica de buzinas e xingamentos, eu chorando sobre o capô. Minha vingança foi, anos depois, já livre da tralha, visitando Moscou e São Petersburgo, descobrir que a Rússia, passando dos horrores do totalitarismo soviético para os horrores do capitalismo selvagem, era o paraíso dos Ladas, milhares deles em toda parte. A célebre Perspectiva Névski, a avenida em que 150 anos atrás desfilavam os inesquecíveis personagens de Gógol e Dostoiévski, em lépidos e elegantes tílburis, agora se atravancava de Ladas velhos, corroídos e fumegantes. Vingativo, mesquinho, bíblico, sussurrei para mim mesmo: "Aqui se faz, aqui se paga."

[10/06/2008]

SAPATOS

Tenho um pé maior que o outro. Até aí, tudo bem — nada que afete a curiosa simetria da fôrma humana. Um deles tem alguns milímetros a mais do que o outro, o que não é nenhuma tragédia socialmente mensurável. O fato é que, às vezes, como todo mundo, eu tenho de comprar sapatos novos. Essa é uma realidade infernal. Morro de inveja dos índios, que saem por aí de pé no chão e todo mundo acha bonito.

Entrar numa loja de sapatos é uma tortura anunciada. Tenho pena do atendente solícito, sorridente e feliz, antevendo naquele senhor em pânico que acabou de assomar na loja a garantia de uma boa venda. Eu até tento fazer a coisa certa, conferindo antes os modelos na vitrine que chegam a me animar. Seria fácil demais, assim de primeira — a loja nunca tem o meu número; pelo menos não para os dois pés. Mas não é isso que me incomoda. É o esforço do atendente, subindo aquela escadinha misteriosa no fundo da loja e voltando do buraco com metros de caixas no ombro, várias vezes, que vão se desfolhando no chão para mim, e chega um momento em que eu não posso mais desistir. Não seria justo eu fazer o sujeito trabalhar tanto e depois sair dali sem comprar nada. Parece que ele sabe disso, e explora cruelmente a minha fragilidade emocional, derramando mais sapatos em torno; já não posso me mover.

A desgraça é que um pé aperta no dedão, outro no calcanhar, outro é frouxo demais, aquele marrom esmaga os dedos, o com a fivela só entra com calçadeira de aço, o modelo sem cadarço parece um chinelo solto; às vezes o pé direito é perfeito, mas o esquerdo não dá certo, ou vice-versa. Várias vezes perguntei seriamente se eu poderia comprar o pé direito 41 e o esquerdo 42, do mesmo modelo (talvez mesmo um pouco diferentes, desde que da mesma cor), mas eles nunca topam.

O sorriso do atendente vai virando um esgar ainda com um resto de simpatia, e ele já olha com inveja seus colegas que atendem fregueses mais lucrativos. As caixas vão e vêm, abrem-se e fecham-se, as cores variam, os modelos são muitos, e eu me sinto um canalha, um sujeito que está ali só para aporrinhar a vida dos outros, aquele entulho de caixas e sapatos esparramados à frente, por que entrei aqui, meu Deus — e procuro em torno a salvação.

Quem sabe um tênis, uma saída honrosa! Preciso mesmo caminhar, no projeto de reestruturação física pós-50 anos! Meus olhos devassam ávidos a prateleira em frente, e então começa o desfile daquelas naves espaciais em forma de tênis, tênis com molejos, luzes coloridas, cores berrantes, solas cubistas e — e não será dessa vez. Mas a vergonha não chega a ser total; sempre tomo o cuidado de levar meia dúzia de meias, um cinto, uma caixinha de lenços. E também uma pasta preta milagrosa que me oferecem, com esponjinha embutida, e que vai deixar meu velho pisante — tão maravilhoso, tão confortável, nascemos um para o outro — como novo.

[02/09/2008]

CONCERTO PARA VIOLINO E TOSSE

Descobri que o amigo Matozo, além de um bom técnico de informática, é também melômano, e dos sofisticados: gosta de música erudita. E por causa dela pela primeira vez vejo-o perdendo a calma, enquanto aumentava a memória do meu PC. "O público de Curitiba é o pior do mundo!" Não gosto quando falam mal da minha cidade; acho que só quem mora aqui há mais de dez anos tira o brevê para o exercício da autofagia. Mas Matozo tem um sobrenome em ówsky por parte de mãe, e sente-se nele uma certa aragem da Cracóvia — um curitibano clássico. Estava injuriado:

— Tudo bem que o povo vá aos concertos. Mas você não pode ouvir dois minutos de música sem um ataque de tosse em *stacatto*. Deviam distribuir vidrinhos de Melagrião na entrada. Sem falar naquelas trovoadas de nariz no lenço, tipo Família Adams, bem na hora do *pianissimo*. Se o sujeito está gripado, que fique em casa.

Achei graça. Ele perguntou se eu gostava de música erudita. Expliquei que jamais consegui ler e escrever ouvindo música. Como por força da profissão leio e escrevo o dia inteiro, a música na minha vida acabou se refugiando nos blues e no jazz com cerveja, mais para conversar que para ouvir. Relutante, contei que décadas atrás estudei alguma coisa de música e cheguei a frequentar concertos. Quase disse que gostava de Bach, mas temi não ter armas para sustentar uma conversa a respeito. Matozo me olhou, atento, avaliando se eu ainda teria solução. Decidiu que sim.

— Pois vamos no Guairão* uma noite dessas, quando tiver uma coisa boa. Mas prometa que vai deixar o celular em casa. Você não vai acreditar: os gajos ficam trocando torpedo durante o concerto! Cara, só matando, aqueles bipe-bipe toda hora — enfiou a cara no gabinete aberto do PC, conferiu a máquina e ergueu a cabeça: — E não só torpedo. De repente toca um celular com o hino do Coxa, no meio da Nona Sinfonia, que você já estava ouvindo com dificuldade porque as senhoras emperiquitadas na fila de trás ficam falando sem parar. Cara, música ao vivo é para escutar com devoção! — e sacudia a chave de fenda diante de mim.

— Agora, tem uma condição: para ouvir música clássica, deixe os filhos em casa. Para o bem deles e nosso. Me diga, sinceramente: uma criança consegue acompanhar uma peça de Brahms, do começo ao fim, sem se aporrinhar e encher o saco dos outros? Agora virou tudo politicamente correto — levar filho pra concerto com um saco de pipocas na mão. É a tal cultura popular. Parece que não existe mais mundo adulto.

Serviço feito, fechou o gabinete do PC e ligou o computador, que ficou ótimo. E esqueceu de cobrar a mão de obra, no entusiasmo da peroração. "Depois te trago de presente uma gravação maravilhosa do Bernstein, com a Filarmônica de Viena. Garantida contra tosse!" Pois até deu vontade de ir a um concerto, só para conferir.

[16/09/2008]

---

* Como é chamado o Teatro Guaíra, mais tradicional casa de espetáculos de Curitiba.

AP. 18

Moro num apartamento numerado como 1B. Alguém me mandou um pacote por Sedex escrevendo, em vez de 1B, o número 18. O carteiro, naturalmente, não me achou no número 18, que não existe. Como eu precisava assinar, não deixou a encomenda na caixa de correio do prédio. Paciente, veio entregá-la de novo, mais duas vezes, e por último, de acordo com a lei, deixou um papel timbrado comunicando as três tentativas de me encontrar e informando que logo eu receberia um aviso para ir eu mesmo recolher a encomenda na agência central. Nada contra o carteiro: ele fez tudo exatamente de acordo com a regra, e bem. Carteiros e professores são das profissões mais simpáticas e necessárias do país e do mundo. Jamais falaria mal deles. Como o papel trazia meu nome, chegou até mim. E havia um número comprido para rastreamento, que, milagres da modernização, fui conferir na internet.

Estava lá. Postado no dia tal, tal hora, no Rio de Janeiro; transportado a tal lugar; entregue na agência X no dia seguinte, às horas tantas — tudo detalhado com perfeição. Em cada uma das anotações pressinto um funcionário atento escrevendo, conferindo, carimbando, para que o pacote chegasse em segurança ao destinatário, e só a ele. Cada uma das tentativas de entrega foi anotada. E, de fato, dois dias depois recebi o comunicado para buscar o pacote.

Tudo correu bem. Um pequeno senão, de pouca gravidade — o balcão de informação, diante do meu papel, me deu uma senha, e quando fui chamado me disseram que casos como esses eram responsabilidade só do guichê 15, o último daquela sequência orwelliana de guichês, onde aliás havia outra pequena fila. Tudo bem, estou de férias. Gosto do prédio central do Correio, com aquela abóbada de estação de trem antiga, com a arquitetura anos 1930 e o piso ainda original surrado de passos, com aquele entorno de feira de cidade pequena, os vendedores de loteria, as bancas, a árvore e a sombra — lembra-me a infância e minhas primeiras cartas. Depois de selar o envelope com goma-arábica (alguém se recorda?), eu tinha de ficar na ponta dos pés para arremessá-lo numa fenda misteriosa (eu imaginava que havia alguém do outro lado pegando as cartas no ar, sem deixá-las cair, como num jogo).

Fui atendido, enfim. A moça ainda foi para o depósito, três vezes, até que encontrou o famigerado pacote. Pensando bem, uma pequena incompetência inicial — trocar 1B por 18 — provocou um bom prejuízo ao país, com efeito cascata, que ocupou e atrasou a vida de umas dez pessoas, gastando carimbos e solas de sapato, espera e papéis, num custo certamente quadruplicado. Odeio pensar como um executivo de multinacional ou algum paranoico racionalizador de custos bancários ou um chefe querendo mostrar serviço ao chefe dele, mas a verdade cristalina é que a incompetência custa caro. Juro que, ao passar meu endereço aos outros, vou caprichar mais na letra.

[20/01/2009]

FOTOGRAFIA

Se não fosse escritor, queria ser fotógrafo. É um desejo de infância que começou ao ver a projeção primária de um fotograma catado no lixo do Cine Tamoyo da minha cidade natal — uma lanterna, uma caixa de sapatos, duas lentes enjambradas num tubinho de matéria plástica, como se dizia então, e lá estava um borrão na parede reproduzindo alguma coisa que existia, de fato, em outra parte — o que eu via era um fantasma. Reproduzir o mundo, colocá-lo sob moldura e controle, fixar o tempo — parece que tentamos fazer isso o tempo todo, mas a fotografia dá a ilusão completa desse poder. É ao mesmo tempo uma ciência, uma arte, um jogo, um brinquedo.

Alguns anos mais tarde, resolvi aprender fotografia. Comecei encomendando um curso por correspondência — muito antes da internet eu já era fascinado pelas compras à distância. Não foi uma boa experiência. Ávido por dominar a arte, abri afoitamente um envelope lacrado com o que, imaginei, seriam as instruções — e em pouco tempo vi aquelas folhas brancas acetinadas ficarem pretas diante dos meus olhos e se estragarem para sempre. Não desisti. Comprei livros e aprendi dois macetes de enquadramento que uso até hoje. Para ser sincero, todo o meu saber na área se resume a esses dois macetes. Bem aplicados, fazem grande efeito. Desde que você siga a regra de ouro: de cada vinte fotos mostre apenas uma, a melhor, aos outros. Esconda as 19 restantes. Todos ficam mais felizes. Já sofri muito com relatos de viagens maravilhosas acompanhados de duzentas e cinquenta fotografias, explicadas uma a uma.

Comecei com aquelas máquinas automáticas anunciadas há um século na publicidade clássica: "Você aperta o botão e nós fazemos o resto!" Fui apertando o botão pela vida afora. Às vezes, mesquinho, gostaria de ter de volta todo o dinheiro que queimei em revelação. Mas não me arrependo. A fotografia educa o olhar; na verdade, obriga-nos a olhar para o mundo e para os outros. Olhar e ver, de fato, o que está diante dos olhos. Um bom enquadramento nos dá senso de medida e de equilíbrio, vai direto ao ponto, é capaz de contar uma história, exige uma resposta, ilumina e revela o que ninguém vê. E também distrai, que ninguém é de ferro. Andar sozinho por uma cidade estranha — o que fiz muitas vezes na vida — com uma máquina fotográfica de companhia é uma experiência maravilhosa.

O advento da foto digital me afastou da fotografia — ficou tudo tão fácil que o ato de fotografar perdeu seu ritual; literalmente, as fotos não valem nada. Tiram-se fotos ao acaso, que são apagadas em seguida. Tudo é mais rápido, fragmentário e desconcentrado — o olhar se descuida e o mundo se banaliza. Mas agora estou redescobrindo esse prazer, porque o que importa mesmo é o nosso olhar. Ninguém tem o poder de ver o mundo pela gente. E com os arquivos digitais, infinitamente mais baratos, pelo menos não corremos mais o risco de queimar o filme.

[27/01/2009]

NEGÓCIOS

Invejo os negociantes de automóveis — falo dos livre atiradores, aquele colega de trabalho ou o primo do amigo que faz milagres trocando de carro a cada seis meses. Como sou de uma incompetência atroz na área — a simples ideia de vender um carro, o anúncio, a barganha, o pré-datado, tudo isso me dá uma angústia metafísica —, tenho em altíssima conta os trocadores compulsivos de automóveis. Há quem os chame cruelmente de "picaretas", essa palavra saborosa que a cultura brasileira reservou à zona cinzenta entre o negócio formal e o informal. Bem, eu cheguei a arrastar um Lada durante sete anos, como o Labão bíblico, só de preguiça de enfrentar um comprador e convencê-lo de que aquela tralha seria um bom negócio. De vergonha, acabei desovando meu próprio carro numa loja de autopeças por trinta moedas.

Negociar carros é uma arte. Tenho um amigo que, em três anos, trocou seis vezes de carro e duas vezes de mulher — sempre com vantagens, ele me garante, mostrando um apartamento muito bom que acabou quitando com o lucro do último Santana. "O carro está tinindo", gabou-se ele antes da entrega, explicando os detalhes — nenhuma batida, motor afinado, estofamento de couro, rodas de alumínio. Abriu o porta-malas: "Veja o estepe. Nunca foi usado." Enfim, um brinco. "Nem sei por que vendi." O apartamento, por sua vez, era um financiamento do antigo BNH, que foi trocando de dono e de ação judicial até cair nas suas mãos seguras. Aliás, já tem um comprador de olho — e ele fala do imóvel como se quisesse me vender, sondando.

Sempre lembro de um velho conhecido que tinha uma revenda de automóveis. Uma vez ele me mostrou um belo Fusca azul, brilhando na vitrine, que me interessou. Eu andava sonhando com uma condução barata, naqueles longínquos anos 1970. Ele me puxou pelo braço e sussurrou, segredante: "Meu amigo, esse não vou te vender. Veja aqui" — e mostrou um fio insidioso de ferrugem no lado da porta. "Olhe embaixo", e me fez enfiar a cabeça para baixo do carro: "O chassis está torto." Abriu a tampa do motor: "Já foi feito duas vezes, e vai estourar de novo." Fiquei intrigado: "Mas quem vai querer comprar este carro?!"

Ele sorriu, poderoso como um rei Midas. "Neste exato momento há alguém em Curitiba indo de loja em loja atrás de um Fusca azul, e o que ele quer é exatamente este aqui." Arrematou com uma piada horrenda, típica daqueles tempos politicamente incorretos, e que só reproduzo por amor à historiografia honesta: "Ao contrário das mulheres, carros nunca encalham." Passei na loja uma semana depois e, de fato, o Fusca não estava mais lá. Ele fez um sinal triunfante de positivo: "Não te falei?" Até hoje fico matutando se não teria sido melhor ele fechar a boca e me vender o Fusca — por esses paradoxos misteriosos, eu teria passado a vida acreditando mais nas pessoas e menos nos carros.

[14/04/2009]

OUVINDO MÚSICA

Não consigo ler nem escrever ouvindo música; enquadro-me naquele tipo de sujeito que não consegue andar e mascar chicletes ao mesmo tempo — uma coisa de cada vez, por favor. Como passo todo o tempo lendo ou escrevendo, a música foi se afastando da minha vida. Felizmente, tenho amigos que gostam de boa música e sempre me abastecem de informações atualizadas, já que eu parei lá nos anos 1980. Mas ainda não me tornei daqueles velhos furiosos obcecados pelo silêncio, e é claro que a música é sempre boa companhia quando sobram um bom tempo e uma boa conversa.

O que está me impressionando é um fenômeno absoluto e universal: ao mesmo tempo que a venda de cedês despenca espetacularmente no mundo inteiro, nunca a música esteve tão viva e presente na vida de todos. Claro, a popularização das trocas de arquivos pela internet, essa guerrilha digital irreversível que representou nessa faixa de consumo uma espécie de prêmio de consolação do comunismo sobre o capitalismo, exerceu um papel fundamental. Não gosto de chamar os copistas de piratas, porque afinal seria admitir que a maioria da população é criminosa. Mas continuo achando estranha essa multidão de marcianos andando em toda parte com fones de ouvido. Em toda parte há jovens e jovens ouvindo música, cada um na sua. Tem de tudo — desde o caminhante tranquilo curtindo sua melodia secreta até o estardalhaço do motorista camicase no centro do furacão de um sistema de som, rodando sozinho num volume irracional em praça pública.

Como quem assiste a um filme de Jacques Tati, gosto de ver os caminhantes plugados para tentar decifrar os tipos de autismo, na pior das hipóteses, e de legítima defesa do mundo em torno, na melhor. Alguns vão em linha reta, concentrados no som com a atenção de quem coloca uma linha na agulha; outros gingam, balançam a cabeça, mexem os braços, estalam os dedos, felizes na viagem. Já vi gente cantando a música que ouvem (acho que é a música que ouvem). Alguns gostam do som tão alto enterrado no ouvido que até mesmo os vizinhos de passeio conseguem ouvir — em elevadores, são figuras frequentes. Há quem ouça música e atenda celular ao mesmo tempo — mas isso já é má vontade do cronista. Confesso que nunca vi. É regra universal que ninguém deve conspirar contra si mesmo.

Seria esse fenômeno expressão de um amor à música como jamais a humanidade conheceu antes? Que bastou a tecnologia facilitar as coisas para explodir o fato básico de que o homem é, antes de tudo, um ser permanentemente musical? Não sei. Meu amigo Matozo, que sabe das coisas mas é um pessimista renitente, diz que se trata justo do contrário — que a música nunca esteve tão em baixa. Para ele, ninguém ouve mais nada de fato; o que há é um desespero de distração (no meu tempo chamavam isso de "alienação") — enterrar os ouvidos na música é apenas se desligar da realidade.

[15/09/2009]

SÍNDROME DE ABSTINÊNCIA

Para escapar de dezembro e de seu imenso pacote de aporrinhações, decidi me refugiar no litoral desde o dia 10, em algum lugar perdido entre praia de Leste e Matinhos.* Uma rua povoada de meia dúzia de aposentados, longe de tudo e perto do mar, e silenciosa — de noite, dá para ouvir a grama crescer. Dizem que, com o derretimento da calota polar, tudo isso vai ficar debaixo d'água, mas por enquanto as coisas ainda estão seguras. Tomara que o pessoal de Copenhague** tenha feito um bom trabalho. Não sei no que deu. Aliás, estou há mais de vinte dias sem ouvir notícia nenhuma.

Porque o outro desafio dessas férias radicais (que *rafting*, que parapente, que nada dessas molezas) era fugir da internet. Isso sim é coragem. Confesso: sou netadicto. Não sei se a palavra existe — se não, acabo de inventá-la. *Netadicto. Dependente patológico da internet.* Viciado mesmo. Daqueles de olhos esbugalhados. Não posso ver um computador que já vou clicando, atrás de alguma razão para viver. Passo horas diante da telinha virando páginas sem fim e sem sentido, que vão direto para o sangue e amortecem o cérebro. Não consigo passar duas horas sem saber o que aconteceu com a Xuxa, que bomba explodiu e quantos morreram, qual a última do Lula, o que alguém disse que outro falou que vai acontecer não sei com quem, o mais recente escândalo da família real,

---

* Balneários paranaenses.
** Referência à 15ª Conferência das Nações Unidas sobre Mudanças Climáticas (COP15), realizada na capital da Dinamarca, em dezembro de 2009.

quem foi eleito na Lapônia, por que a vaca não tem penas, a próxima novela das oito — enfim, a quantidade de coisas que eu não sei é assombrosa!

E tem mais para alimentar a alma insaciável do netadicto: os e-mails. Como vou sobreviver sem os e-mails diários que chegam, numa regularidade de "plins" que calibrei em cinco em cinco minutos? Minha dependência digital é tanta que passar uma hora sem receber e-mails provoca sintomas alarmantes de depressão — imediatamente mando um e-mail a mim mesmo para conferir se não seria um problema do provedor. Alguns meses atrás, quando eu ainda não era viciado, devolvia raivoso toda publicidade, todo chato e toda mala direta que caía aqui, com um arrogante REMOVER. Claro que ninguém obedecia e a coisa voltava em dobro por vingança, o que foi insidiosamente criando minha dependência virtual.

Agora, com o tratamento de choque, sou um outro homem. Mas não foi fácil. Nos primeiros dias, tudo bem. Ainda intoxicado da internet, tinha muitas páginas para queimar enquanto contemplava o mar e matutava quando enfim o caminhão da prefeitura passaria para recolher o lixo (levou sete dias e vários telefonemas, o que sempre distrai). Depois, os sintomas da síndrome de abstinência começaram a aparecer — principalmente a sensação angustiante de que, sem internet, não faço mais parte da humanidade. É preciso resistir. Passar em frente a uma *lan house* e nem olhar. Fiz caminhadas ferozes, fritei peixe, preparei galetadas e li pilhas de livros. Hoje, acreditem: estou limpo.

[22/12/2009]

VELHARIAS

Infinita é a capacidade humana de juntar velharias e atulhá-las em gavetas, fundos de armários, prateleiras, despensas, caixas inocentes e onde quer que haja um vazio dando chance — foi o que descobri mais uma vez em outro desses impulsos cíclicos que me acontecem de anos em anos: renovar a vida livrando-me de tralhas do passado — um incrível rol de objetos inúteis que vão se espremendo em camadas. Mergulhar nas tranqueiras — sempre resisto a começar, mas de repente assumo a empreitada com uma espécie de sanha purificadora. É uma viagem no tempo, uma arqueologia caseira em que pequenos sinais avulsos tentam reconstruir como foi a vida em outra era, naquele mesmo lugar que habitamos e no qual viviam pessoas curiosamente parecidas com a gente — nós mesmos.

Boa parte dessas marcas primitivas de marcar o tempo vem ainda da própria cultura da sobrevivência de uma época mais difícil em que nada se jogava fora. Como as coisas eram feitas para durar a eternidade, um simples parafuso no lixo soava como um crime de lesa-economia. E começa o inventário: uma tomada sobressalente de telefone de quatro pinos — sempre pode ser útil! Quarenta centímetros de fio elétrico com uma tomadinha bem-conservada na ponta — quem sabe eu ainda precise dela; não se chumbam mais os pinos como naquele tempo! Um tubo de cola pela metade, agora empedrado como um peixe do Plioceno grudado na rocha; a caneta de brinde que jamais escreveu uma linha, morta na gaveta; o chaveiro de comemoração de algum evento de 1976 —

e quebro a cabeça para traduzir o sentido daquelas iniciais com uma ave de asas abertas; um disquete flexível de um velho computador; uma caixinha de clipes esfarelados de ferrugem.

O melhor vem agora: arranco das sombras a forma pesada de um aparelho de fitas VHS, maravilha tecnológica de antanho — ainda acompanha uma fita mofada em que alguém gravou uma festa de arromba, uma hora e meia de jovens difusos e fora de foco, um arrastar de fantasmas coloridos fazendo discurso e dando risada, eu entre eles, até que o aparelho engasga, a fita se engruvinha e sai do ar para sempre.

E muito papel. Numa carta de 25 anos atrás, sou informado de que meu livro foi recusado por uma editora de São Paulo. Uma nota fiscal de supermercado me diz que eu gastei 92 cruzados novos, em 9 de abril de 1989; a caixa que me atendeu chamava-se Soeli, ainda consigo ler. De um envelope cai uma carteira de Hollywood, ainda com um inacreditável cigarro de bêbado esmagado, agora com manchas amarelas — eu costumava fumar aquilo, e achava bom. Uma velha lista de chamada caprichosamente anotada com *cês* de comparecimento e *efes* de falta durante cento e vinte aulas — cento e vinte vezes eu recitei em voz alta aqueles 37 nomes, um por um.

Largo a caixa e olho pela janela — parece que vai chover, de novo. Esse tempo de Curitiba é maluco.

[12/01/2010]

SAMURAI DE FOGÃO

Também eu fui vítima do sonho de virar um *gourmet* caseiro — aquele chato que de vez em quando vai à cozinha abrir as tampas das panelas para conferir o que vai comer no almoço e de repente acha que não deve ser tão difícil assim arregaçar as mangas, colocar um avental e ele mesmo pôr mãos à obra. Claro que há diferenças operacionais, entre a mulherada (perdão: vão dizer que é sexismo do cronista) — corrigindo: entre quem literalmente carrega o feijão com arroz nas costas todos os dias e o curioso que, só porque ganhou de presente uma tábua e um garfo de churrasco, já acha que está em condições de botar a barriga no fogão.

É uma coisa meio exibicionista. Em geral ele começa avisando todo mundo que vai fazer uma feijoada, um peixe de forno, uma receita que recortou na revista e que parecia fácil, e põe a família em pânico já às sete da manhã de um sábado que prometia ser tão tranquilo, o céu azul, bom de passear. As coisas passam a dar errado nos detalhes mínimos, e mortais — o alho que queimou na frigideira por um minuto de distração, o sal que se esqueceu de colocar no arroz, o bife que era pra ficar grelhado como nas fotos e faz três dedos de água, a profusão de temperos em luta que resultam num sabor esquisito nunca antes experimentado, a batata que passou do ponto e vira um purê imprevisto, ou o contrário, o miolo crocante e cru nos dentes — e por aí vai.

Melhor começar pela teoria, vício de professor — foi o que eu fiz. Recebi um fôlder maravilhoso, que desdobrei feliz, prometendo trinta volumes de receitas — um verdadeiro projeto de vida. Encomendei a enciclopédia de cozinha e reservei um espaço nobre da estante para colocar os volumes do meu curso autodidata. Até ensaiei o que dizer às visitas, com um ar superior: "Estou me dedicando à literatura culinária." Fui me sentindo um PhD — o tempo todo pulando das páginas dos livros para a internet, para descobrir de que modo se chegava àquelas fotografias suculentas.

Mas, como todo mundo sabe, não existe almoço grátis. E o caminho da sabedoria não tem atalho. Lá fui eu descobrir que diabo é arroz selvagem. Um salmão a vapor exigia um buquê de *dill*. "*Dill*?" Uma bela sopa de polenta só dava certo com queijo mascarpone. Camarões imperiais pedem três gotas de *angostura*, palavra que me pareceu efeito colateral de remédio contra a depressão. Para uma receita de mexilhões, não esquecer 1,2 litro de *fumet* de peixe e 100 gramas de *mirepoix*. A pimenta-de-caiena era indispensável. E os "modos de fazer" são quebra-cabeças insolúveis. O aprendiz desanimou.

Tomei uma decisão libertadora: começar realmente do começo. Diante do fogão, me senti um samurai: uma frigideira, um ovo, uma pitada de sal. Se eu conseguir fritar um ovo, terei futuro na área. Respingou óleo ao virar, mas até que ficou razoável. Sempre fui otimista.

[18/05/2010]

FUGINDO DE DEZEMBRO

Como faço todo fim de ano, também agora consegui uma semana de refúgio em dezembro, o mês alucinado — parece que algum tóxico se espalha na cidade e as pessoas enlouquecidas saem às ruas como formigas cujo formigueiro foi atacado. Os sentimentos em geral são bons, é preciso reconhecer — a fantasia de que o fim de ano é época de paz, amor, compreensão, tolerância e solidariedade é tão forte que as pessoas acabam acreditando nela, pelo menos no âmbito familiar. E o modo de demonstrar esses bons sentimentos é simples e direto: encher os shoppings e as sacolas e trocar presentes. Nada contra: é isso que faz mover a máquina do mundo. Mas, para dizer que ainda tenho alguma metafísica na alma, sinto que há também uma certa percepção de um ciclo que se encerra e outro que se abre, simbolicamente poderosa, como se estivéssemos ainda vivendo sob a dura natureza ao sabor renovado das estações, aliás nítidas como nos filmes, e não embaralhadas como em Curitiba.

Tudo bem, mas como agora estou assumindo meu ansiado papel de velho esquisito, o que eu sempre quis ser desde criança, desci para o litoral, no deserto de Gaivotas, que no dezembro que antecede o Natal tem as características de um paraíso: não há nada a fazer, nada a ver, nada a pensar. Nem uma viva alma nas ruas — aqui e ali, raros, um ou outro operário trabalhando. O caminhão do lixo está mesmo passando de dois em dois dias, o que nos protege das moscas. E banho de mar, só para malucos — sou do tipo vampiro, dos que viram pó à luz do sol. Que, aliás, maravilha das maravilhas, praticamente não está aparecendo. Na dúvida, trouxe a caixa de ferramentas, para enfim fazer uma prateleirinha que venho planejando há uma década. Desta vez, abrindo o portão rangente, descubro que a única coisa que roubaram da casa — à falta de qualquer outro bem fungível além da geladeira, que é grande e pesada — foi a velha antena externa de televisão.

Tranquilo aqui na varanda, o mundo inteiro parece repousar em paz. Mas algo extraordinário aconteceu, percebi acompanhando o dedo apontado do Felipe, meu filho: de uma toca do quintal saíram dois pterodáctilos, ou duas miniaturas de tiranossauros rex (não tão miniaturas: mais de meio metro cada), lagartões pré-históricos. Lentos, desconfiados, mimetizando cuidadosamente o mato em torno, saíram passo a passo da toca para o ar livre, arrastando os rabos imensos. Não pareceram malfeitores, concluí, depois do susto inicial. Invejei neles a capacidade de ficar imóveis, absolutamente imóveis, como monges do Tibete contemplando a neve da montanha.

E exigem silêncio, se queremos a companhia deles — o mínimo gesto brusco e ambos desaparecem no buraco como por mágica. Uma hora depois, desconfiança redobrada, voltam a mostrar as caras, testando a nossa capacidade de ficar quietos. E são poderosos — já estou praticamente domesticado por eles.

[14/12/2010]

LAVANDO LOUÇA

Pouca gente comenta, mas lavar louça é uma das atividades mais massivamente repetidas no mundo, o tempo todo, várias vezes ao dia, a semana inteira, até o fim da vida. É difícil imaginar algum trabalho que seja realizado mais vezes na Terra do que lavar louça. Essa ideia me ocorreu, naturalmente, lavando louça, ofício em que sou, modéstia à parte, um especialista. Tudo começou na infância, quando levei pau no exame de admissão ao ginásio e fui matriculado no Grupo Escolar Zacarias no horário do meio, reservado aos incompetentes do quinto ano. Chegava em casa às duas da tarde e já encontrava a pilha de louças pronta para lavação, porque em família grande todo mundo tinha de fazer alguma coisa para justificar a existência. Minha técnica precisa veio dali: primeiro ensaboar tudo, ou em blocos separados por categoria (talheres, pratos, copos), e depois enxaguar peça a peça.

Anos mais tarde, esse *know-how* foi extremamente útil. Bicho-grilo na Europa dos anos 70, fui parar em Frankfurt, na Alemanha, onde arranjei um emprego na cozinha do Hospital das Clínicas, justamente no setor de lavação de louças. Tarimbado, rápido, eficiente, logo fui transferido para um setor automatizado, em que eu me transformava numa espécie de distribuidor geral dos pratos, talheres, pires e xícaras, tirando as peças das bandejas circulantes e colocando-as numa máquina gigante que fazia o serviço sujo — do outro lado, sob um vapor fumegante, saíam as louças limpíssimas. Era bonito de ver.

De volta ao Brasil, fui morar em comunidade, em que, mais uma vez, todo mundo tem de fazer a sua parte, e de vez em quando lá estava eu lavando louça, com perícia e atenção. Um dos meus orgulhos é jamais ter quebrado um copo ou um prato durante a lavagem (o perigo é o momento de ensaboar, quando o cuidado deve ser redobrado).

Depois de casado, imaginei que as coisas mudariam de figura, mas, por azar, como milhões da minha geração, fui vítima do chamado casamento moderno, em que as funções do homem e da mulher passaram a se equiparar, numa espécie de populismo doméstico positivo. Assim, nunca usufruí a imagem sonhada de ficar lendo jornal na sala enquanto a mulher lavaria a louça na cozinha, como uma boa cena de um filme em preto e branco. Pelo contrário, durante longos períodos a mulher trabalhava fora e eu ficava lavando louça em casa, pensando nos livros sensacionais que ainda iria escrever. Mas é claro que, por resíduo machista, sempre tirava o avental antes de atender a porta.

Hoje, felizmente, as coisas mais ou menos tranquilas, só lavo louça por esporte. É um bom exercício, rende um certo prestígio na família e sempre nos permite pensar na vida. Foi lavando louça que me surgiram os melhores temas para crônicas. Às vezes, nas crises da imaginação, o assunto está bem diante do nariz e você não percebe.

[31/05/2011]

PEQUENAS RECLAMAÇÕES

Temos o bom costume de fazer grandes reclamações na vida, que são os resmungos épicos da existência, em todas as esferas — contra os presidentes da República, contra o desconcerto das nações, contra a canalha do Congresso, contra o buraco na camada de ozônio e o aniquilamento das focas, contra a miséria global e contra a desigualdade, contra o sistema de castas da Índia e a mutilação de mulheres na África; às vezes, sob injustiças metafísicas, contra Deus e contra o destino, contra a curta vida que nos cabe, contra a pena de morte, contra essa massa amorfa de eventos, culpas e crimes que nos arrastam feito poeira nesta Terra.

Mas a vida cotidiana é feita de pequenas reclamações, as que realmente ocupam nosso tempo, dão ou tiram sentido das coisas, e que têm o dom profundo da sinceridade. São pequenas, miseráveis, mesquinhas, mas, ao contrário dos tsunamis no outro lado do mundo, que nos fazem sofrer pela televisão, essas reclamações miúdas irrompem furiosas do fundo da alma. São ridículas, mas têm o dom da verdade. Por exemplo, a etiqueta da roupa recém-comprada que fica raspando na pele, na cintura, no pescoço, até que peguemos a tesoura e, irritados, arranquemos aquela tirazinha de pano que parece alumínio. E, é claro, um gesto em falso e lá se vai a blusa, a calça, com o furo imprevisto da ponta da tesoura. Ou o plástico que protege o cedê do Dave Brubeck Quartet que você descobriu num balaio de ofertas, e que, por mais que tentem, nossos dez dedos bem-cuidados e criados pela evolução de *Homo sapiens* ao longo de milhões de anos são incapazes de abrir. Até que você racha a unha na tentativa, ou deixa cair a peça num gesto brusco — e a caixinha quebra. O resto da vida aquele cedê capenga na prateleira, que não fecha na embalagem.

Os engenheiros são capazes de desenhar uma Ferrari, mas ainda não acertaram o bico da garrafa térmica, que, é claro, sempre erra a boca da xicrinha. A qual, banhada no pires, ao subir aos lábios deixa um fio minimalista de café de alto a baixo na camisa branquinha que você acabou de vestir. Não é tudo: você não percebe e sai à rua, feliz com o sol de Curitiba. Há momentos metafísicos de angústia quando o texto que você terminou de escrever se perde numa queda de luz, um segundo antes de salvo; ou o e-mail que segue ao destinatário errado, falando (mal) justamente dele. Soube de quem deixou cair o celular no vaso sanitário; e eu mesmo, afobado, já tentei atravessar correndo uma porta de vidro. Erguer-se súbito e acertar a cabeça na quina de uma portinha aberta, ou imaginar distraído que a travessa do forno está fria — é uma conspiração de detalhes que nos rondam, o peso medonho da insignificância, o inferno das miudezas. O mundo inteiro tem solução — exceto a topada na pedra solta, à espreita na calçada da esquina.

[07/06/2011]

UMA TARDE EM CURITIBA

Pois aconteceu num dia em que eu estava particularmente melancólico, como às vezes nos ocorre, e saí para andar à toa pela cidade. Uma tarde agradável, o frio leve, o céu azul, o sol suave. Pensei vagamente em ver um filme, só para vencer o velho sentimento de culpa de que não se deve frequentar cinemas num dia de semana, à tarde, como se fôssemos vagabundos matando serviço, quando eu poderia estar fazendo alguma coisa útil da minha vida. Filmes são úteis, enfim, me convenci, em defesa própria. Vemos tantos filmes que às vezes parece que assistimos à vida em vez de vivê-la, mas esse chavão também é punitivo. Atravessando a Santos Andrade,[*] lembrei que a universidade pretende revitalizar o velho prédio das colunas, que frequentei faz tempo, por mais de dez anos, talvez os mais felizes da minha antiga vida de professor. Será mesmo ótimo integrar aquele prédio à vida cultural da cidade, ainda mais agora — e eu já estava cruzando a clássica e bonita Riachuelo —, quando aquele trecho da cidade está sendo revitalizado. E ouvi falar (outra boa notícia) que os velhos cines Luz e Ritz vão ressurgir das cinzas no velho quartel, na esquina da Carlos Cavalcanti, onde há mais de quatro décadas fui buscar meu certificado de alistamento, em plena ditadura. Lembro da sensação de adolescente: eles eram o inimigo.

Passei pela praça Dezenove de Dezembro, com a mulher nua[**] já há anos resgatada ao público (criança, fiz uma ex-

---

[*] Uma das principais praças do centro de Curitiba.
[**] Célebre estátua gigante que, no local mencionado, fica ao lado de um também gigante "homem nu", nome pelo qual acabou conhecida a

pedição para vê-la escondida atrás do Palácio do Governo, numa bizarra experiência erótica, como numa imagem de Fellini), e enfim desembarquei nas ventosas do shopping, que é o espaço para onde Curitiba vai sendo lentamente sugada em todos os bairros. Comprei ingresso para *Meia-noite em Paris*, de Woody Allen, e foi uma escolha feliz. Ainda lembrei que as poltronas quase verticais dos buracos refrigerados e barulhentos em que os cinemas se tranformaram, com suas pipocas gigantes e celulares onipresentes, parecem a plateia do velho Cine Arlequim, na Cândido Lopes.

No começo, rabugento, impliquei com a literatura turística daquelas figuras de almanaque, até sintonizar a faísca atrasada e entrar no espírito tranquilo da fantasia. Um filme delicioso e sem arestas, saborosamente infantil, povoado de crianças adultas. Woody Allen, encarnado e rejuvenescido na figura do candidato a escritor Gil Pender, é um Peter Pan do cinema. Há algo de Carlitos em seu jeito ingênuo e bem-intencionado, os atrapalhos gaguejantes de alguém puro demais para as agruras do mundo. Tudo tem graça e leveza — não é história que se conta, enfim irrelevante e comum, mas o clima que se vive, transportando-nos a um sonho divertido e sem susto. Exatamente do que eu estava precisando, suspirei ao sair, já com saudade do filme. Na rua, senti a brisa da rua, um pouco mais fria agora.

[19/07/2011]

---

própria praça, uma vez que a "mulher nua" mencionada por Tezza teve, de início, sua exibição vetada.

A VOZ E O XARÁ

Já contei aqui outro dia que, no mundo dos tuíteres e face-books, não sou seguidor nem perseguidor — sou fugitivo. Nada contra; é que eu ando cronometrando meu tempo com uma mesquinharia que até a mim me assusta. Sou um Pai Goriot da ampulheta. Cinco minutos sem fazer nada e já penso que estou acabado, à beira da desgraça, sem falar do sentimento de culpa e de velheira que corrói minha força de vontade. De onde terei herdado esse calvinismo secreto, logo eu, a vida inteira chegado numa cerveja e numa conversa-fiada? Não sei. O fato é que venho mantendo uma relação de distância segura das tais redes sociais. Logo serei considerado um pária, um cidadão à margem da sociedade, um desclassi-ficado sem amigos, um mísero torcedor do Atlético. Não me importo.

Mas de uma coisa não consegui fugir: da implacável Voz, disparada por equipes orwellianas de telefonistas na busca insaciável por vítimas. Dizem que, se eu ligar para um núme-ro tal, a Voz ficará proibida de me ligar sem consentimento, tentando vender apólices de seguro, café da manhã com can-didato, cartão de crédito e xampus contra caspa, mas sou cético. Seria a mesma coisa que mudar de e-mail. Em poucos dias o novo e-mail já estará abarrotado de mensagens não solicitadas, no bom sentido, e de tentativas de assalto, no mau. Tenho entretanto uma fórmula para reconhecer imedia-tamente a Voz, que se disfarça em mil timbres. É quando pedem para falar com o "Cristovão Cesar". Este meu xará sou eu mesmo, segundo a carteira de identidade. Não contem para ninguém, mas sou assim desde criancinha. Só quem tem acesso secreto ao meu cadastro sabe que, atrás do inocente e afável cronista que assina estas maltraçadas linhas, esconde-se um sinistro Cristovão Cesar, que é mal-educado, agressivo e mentiroso. Toca o telefone e eu atendo.

— O senhor Cristovão Cesar está?

Ehehe. A Voz pensa que me engana. O Cesar é a senha que desperta o meu lado ruim.

— Ele está na China.

Silêncio. Derrotei a Voz? Mas a Voz é resistente, não se nocauteia fácil.

— O senhor sabe quando ele volta?

No começo, no esforço por ser verossímil (sempre fui um escritor realista), eu acabava, covarde, entregando os pontos: "Ele volta na semana que vem." É batata: na semana que vem a Voz retorna: "O senhor Cristovão Cesar está?" Comecei a sofisticar as respostas: ele está na Patagônia, ou em Paris, Texas; às vezes foi passar dois meses em Pasárgada, pagar promessa em Aparecida, participar de um congresso de etês em Varginha. Uma vez inventei um verbo: "Ele foi Madagascar." E sempre voltava na semana que vem: era a minha ligação com o mundo real. E a Voz retornando. Mas ontem desfechei o golpe final: "Quando ele volta?! A Polícia Federal gostaria muito de saber. Qual é mesmo a sua ligação com ele?" Desligaram súbito. É incrível, mas o pessoal ainda tem medo da polícia. Acho que agora finalmente o meu xará me libertou da Voz.

[13/12/2011]

TRIUNFOS E FRACASSOS DA TECNOLOGIA

Muitas são as maravilhas do engenho humano desde que o polegar opositor nos separou definitivamente dos nossos colegas hominídeos que preferiram a tranquilidade das árvores a esta luta insana aqui no chão. O pneu de automóvel, o uso da lei da gravidade a serviço da distribuição da água e o controle remoto sem fio são obras que encantam pela perfeição e utilidade. Mas algumas coisas, definitivamente, não deram certo, apesar das centenas e milhares de anos de evolução. O saleiro, por exemplo. É preciso haver pelo menos a coincidência de dois fatores — os furos desentupidos de tamanho razoável e o sal bem sequinho — para que a pequena máquina funcione na primeira chacoalhada, o que quase nunca acontece. Claro que, diante do fracasso do objeto, criamos gambiarras: colocar arroz dentro do saleiro para, pelo movimento do objeto, garantir que o sal fique solto e funcione a contento. Convenhamos: é uma solução deselegante da engenharia, uma confissão de fracasso. Seria como garantir o prumo de uma mesa metendo um calço em um dos pés (que já viria com a compra) ou ligar um aparelho de tevê com uma chave de fenda. E a solução que a ciência descobriu para resolver a questão do sal foi pior que o soneto: aqueles malditos envelopinhos, que levam nossos preciosos polegares opositores a uma sequência de desajeitos irritados, num momento que deveria ser de paz, até que o sal do envelope caia todo na mesma batatinha.

E já que estamos à mesa, outro objeto que não deu certo foi o galheteiro de azeite. Ou sai azeite demais, ou de menos,

1 4 5

ou vaza, ou tudo ao mesmo tempo. Já experimentei dos mais engenhosos sistemas, e todos falham, até me entregar aos comerciantes que resolveram a questão transformando o próprio vidro de azeite no seu galheteiro. O comércio é sábio, e não é de hoje. O princípio dessas letras desenhadas no papel que me permitem falar com o leitor à distância, mesmo dizendo abobrinhas, como agora — o sensacional alfabeto fonético —, foi obra de fenícios, os sacoleiros do Mediterrâneo, para anotar os pedidos do freguês, e não dos antigos gênios da corte, todos analfabetos.

Alguns objetos imemoriais espantam pela absoluta perfeição de design e funcionalidade. Um prego, por exemplo. Há uma elegância metafísica em sua forma, que fala por si mesma — Steve Jobs assinaria embaixo. Um prego é a sua própria legenda, o seu manual de instruções — impossível não entendê-lo. A cabeça discreta e exata, o corpo enxuto, a ponta aerodinâmica, a máxima economia das formas, tudo para realizar a sua grande função, que é desaparecer completamente em duas ou três marteladas. Já o parafuso — cujo conceito nos levou ao saca-rolhas, para uma função diametralmente oposta — ... mas fiquemos por aqui, que a correria é grande na semana do Natal, e eu vivo me distraindo. Aos meus poucos e fiéis leitores, os votos de festas alegres e tranquilas.

[20/12/2011]

TERÇA-FEIRA

Confesso que estou feliz na minha atividade de cronista — nestas trinta semanas de vida, digamos, útil, suponho que fui lido por mais gente do que nos meus quarenta anos de escritor. Cheguei a ser elogiado publicamente! Até em casa estou ficando um sujeito importante. Como por hábito sou um crítico feroz de mim mesmo, comecei, negativista, a buscar onde estaria o acerto imaginário da coluna. Reli algumas crônicas sem descobrir nada que justificasse a euforia, vivendo uma sensação de Big Brother antes do paredão — mas, como num bom romance policial, eu estava mirando o tópico errado. A chave está na terça-feira. Sim, é óbvio!

O leitor de terça-feira é o mais benevolente da semana — eis a minha sorte. Acompanhem: a segunda já passou, ficou para trás; e a quarta é só uma questão de horas, quando então já se entrevê a dádiva da sexta-feira. A terça-feira não existe; é um dia completamente sem personalidade. Atravessamos a terça com o mesmo espírito de quem terminou um lance de escada, dá dois passos e avança para o próximo — a terça-feira é essa passagem rápida. Ela é o alívio da segunda, que é um dia de trabalho braçal. Na segunda, o fim de semana está tão longe que não existe; ficou só a ressaca do domingo. É o dia das piores indagações metafísicas. O sujeito abre o jornal na segunda com um humor péssimo. Já na terça, o espírito da transição para um mundo melhor baixa sobre ele — a terça é rápida, indolor; o pior já passou. Há um clima geral de alívio — estamos predispostos a gostar de tudo. E é nesse momento que minha crônica cai nas mãos do leitor, vítima desarmada. Sorte minha.

A quarta-feira tem um toque de euforia, mas também de ansiedade; já não se está feliz pelo que passou, mas ansioso pelo que vem. O clima do trabalho se intensifica, mas não nos concentramos tanto porque a quinta está na porta. A quinta-feira cansa — a semana desaba na quinta. Na quinta, achamos que a semana bem que poderia acabar ali mesmo. Há um toque de irritação na quinta-feira. A sexta-feira — bem, essa é fulgurante. Não pelo dia em si, de trabalho como qualquer outro, mas pelo jardim das delícias que promete: um fim de semana integral pela frente! É um dia sabidamente perigoso, adrenalina no alto.

Do sábado, Vinicius de Moraes já disse tudo — porque era sábado. O dia da Criação. Chegamos, enfim, ao domingo, quando então teríamos a paz dos justos. Tudo bem, tem o almoço de família. Claro, é legal, nada contra. Sobrinhos maravilhosos, cunhados divertidos, tias participantes, sogra animada. E um jogo à tarde — mas como sou atleticano, a chance de uma alegria no domingo vem sendo rara. E resta essa sombra da segunda-feira, a memória atávica dos exercícios que eu não fiz quando criança e a professora vai pedir cedinho com a caneta vermelha na mão, a musiquinha insidiosa do *Fantástico*.

Tudo somado, não há dúvida: terça é o grande dia.

[21/10/2008]

CURITIBA NO DIVÃ

COMO QUERIA DEMONSTRAR

O senso comum costuma considerar os escritores pessoas boas, sensatas e confiáveis. Como sou do ramo, e me conheço, sei que as coisas não são bem assim. Eles são bons só por escrito. Ao vivo, o risco é grande. Eu mesmo procuro evitar ao máximo a convivência com escritores, de modo a me proteger. Mas a lenda das nossas qualidades até que tem sido útil. Frequentemente sou convidado a participar de bienais, feiras de livros, mesas-redondas, atividades culturais. Como os leitores em geral não gostam de ler autores brasileiros, essa é sempre uma saída honrosa. "Não li o seu livro ainda, mas o senhor fala muito bem!" Outra vantagem dessas viagens é que a gente vê Curitiba de longe e redescobre nossa imagem à distância.

Semana passada estive na Bienal do Livro de São José do Rio Preto. Falei para uma plateia gentil sobre literatura. Depois, conversando com as pessoas, surgem as inevitáveis perguntas sobre Curitiba, que no imaginário brasileiro é uma cidade lendária, quase um ser mitológico, com atribuições fantásticas. E não só no Brasil; uma vez, na Itália, um romano me abraçou com emoção ao saber que eu era daqui: "A terceira cidade do mundo em qualidade de vida!" Antigamente, ao modo curitibano, eu punha defeito. Agora não: "Só não é a segunda por politicagem da ONU!" Todos ficam contentes.

Outro espaço mágico é a rua 24 Horas: "É verdade que vocês têm uma rua com o comércio aberto noite e dia?!" Dá para ver na pupila das pessoas aquela avenida imensa com fileiras de coqueiros, a iluminação feérica madrugada adentro, o povo animado nas mesinhas ao ar livre. "Está em reforma", eu digo, misterioso, tentando mudar de assunto. O melhor tema vem em seguida: "E vocês têm uma rua que se chama Boca Maldita?" Dessa parte eu gosto, porque, assim como o Passeio Público, a Boca Maldita é uma atração turística visceral: "Foi lá que aprendi a escrever."

Eu minto muito, mas agora é verdade. Passei dos 14 aos 18 anos frequentando os cafés da Boca Maldita. Toda a minha formação se fez ouvindo as pessoas falando mal das outras implacavelmente, dia e noite; críticas afiadas, sutis, agressivas, às vezes enviesadas, críticas emocionais, ou então frias e vingativas — na Boca, a desgraça da condição humana universal entrava de todas as formas nos meus ouvidos ávidos de literatura. Ele não sabe disso, mas eu ouvi Dalton Trevisan de perto. Escrever é falar mal: naquela algaravia ferina, não ficava pedra sobre pedra de ninguém. Pobre de quem saía da roda, porque suas costas queimavam. Para quem escreve, uma escola maravilhosa.

Enfim o golpe de misericórdia: "E a Bienal do Livro de Curitiba, é boa?" Dou uma disfarçada. Eles insistem: "Ou lá vocês têm uma Feira?" A rigor, temos nada — é outro dos nossos mistérios: por que Curitiba jamais conseguiu promover uma festa do livro minimamente decente? Melhor parar por aqui.

[20/05/2008]

CALÇADAS DE CURITIBA

Fui visitar a calçada arqueológica da praça Tiradentes — um achado maravilhoso, e uma bela ideia de exposição. Mas, observando bem, percebi que as calçadas de Curitiba já eram ruins desde aquele tempo remoto. Uma ideia puxa a outra e especulei se o clássico temperamento fechado do curitibano não se deveria à má qualidade das nossas calçadas. Como temos de andar sempre olhando o chão, o hábito de cumprimentar os outros, olhar o azul do céu, conversar fiado e até mesmo sorrir foi sendo substituído geração após geração pela densa filosofia do palmilhar, pela concentração em cada passo, pelo medo do tornozelo quebrado, pelo terror da entorse. Não há passo que não possa ser em falso nessas travessias perigosas. Quem sabe venha daí esse atravancamento de automóveis — para ir até a esquina, melhor pegar o carro, porque as malditas pedras no caminho não nos deixam caminhar sossegados.

Como todo bom curitibano, fui desenvolvendo técnicas de sobrevivência na rua. Isto é, a sobrevivência do andar, não o medo do assalto. Na verdade, por um lance absurdo de sorte, nunca fui assaltado na vida, exceto pelas instituições já legalizadas ao longo do processo civilizatório — o imposto de renda, os bancos (esses capricham), a empresa de tevê a cabo (páreo duro), alguns restaurantes de fino trato (aquela conta com o tempero salgado), as oficinas autorizadas, as empresas de telefonia e por aí vai. Mas assalto primário, do tipo "passe o dinheiro", sem disfarce, nota fiscal ou Procon para nos defender, milagrosamente nunca me aconteceu. Portanto, não é a clássica insegurança da vida moderna que me deixa com medo de sair à rua. São as calçadas de Curitiba. Elas acabam sendo um bom exercício para um escritor — essa concentração na próxima linha, uma depois da outra.

As técnicas: antes de mais nada, reconhecer a diferença entre as pedras brancas e as pretas, como no jogo de damas. Molhadas, as pretas escorregam; as brancas não, ou pelo menos não tanto. Dominado esse ponto — escolha bem o quadrado onde pisa —, cuide do próximo, que é um trabalho de radar: adivinhar a pedra solta. Em toda quadra há infalivelmente uma meia dúzia de pedras soltas, erraticamente distribuídas, para o jogo ficar mais emocionante. Depois de uma chuva, elas podem ser mortais — você será eliminado do jogo, porque além da entorse há um banho de água suja na sua roupa. Volte para o início. Há também as pedras ilusoriamente simétricas, mas que ocultam um calombo, que o dedão acerta com força — em público, disfarce a dor.

Já me disseram que substituir as calçadas atuais por locais apropriados ao andar humano levaria uns cem anos. Pois eu até votaria num candidato a prefeito que prometesse substituí-las em um século. Seria um bom começo. Coisas que vou matutando enquanto, pé ante pé, cauteloso, avanço de casa ao Mercado Municipal para comprar o peixe do almoço.

[22/07/2008]

CURITIBA NO DIVÃ

Se as cidades fossem pessoas, Curitiba seria uma mulher bonita, conservadora, recatada, preocupada com a idade que avança, pensando em botox e um tantinho ressentida com o que andam falando dela. Em crise, marcaria uma consulta com o Dr. José Osmose, conceituado psicanalista, célebre por desvendar os segredos que atormentam a alma. O Dr. Osmose não tem uma linha fixa de tratamento — às vezes é freudiano, outras, motivacional, de repente evoca os arquétipos de Jung ou a couraça defensiva de Reich. Dá resultado, é o que dizem. Vejo Curitiba recostando-se no célebre divã e abrindo o coração:

— Dizem que eu sou gelada, doutor! Que sou fria e distante; que nos meus braços o calor humano desaparece. Que todos os forasteiros que chegam aqui levam um choque quando começam a conviver comigo.

O Dr. Osmose fez anotações misteriosas no seu caderninho azul. Olhou para a cidade com um olhar encorajador que parecia dizer: "Prossiga, garota! Você é ótima!"

— Eu acho uma tremenda injustiça. Não sei por que me rejeitam. Recebo o país inteiro. Metade de mim vem de fora. Não sou mesmo dada a efusões emocionais. Mas é só o meu modo de ser. — Curitiba ergueu a cabeça, vivendo um surto de autoestima: — Ora, quem não gostar que vá embora! Para o Rio, para a Bahia, para Florianópolis, para o litoral. — Baixou a voz: — Para essa esculhambação nacional. — Recostou a cabeça e suspirou, vingada.

O Dr. Osmose, que é mineiro, tirou os óculos e fixou os olhos na cidade:

— Você não acha que está um pouquinho hostil? Ou preconceituosa?

— Desculpe. Uma das minhas qualidades é justamente ser politicamente correta. Gosto de respeitar filas, por exemplo. E de obedecer à lei. Lembra do cinto de segurança? Antes de qualquer outra cidade eu já usava cinto. Em Porto Alegre a gauchada fez passeata contra o cinto em nome da liberdade humana; no Rio, vendiam camisetas com a faixa do cinto pintada para enganar os guardas. Aqui, não: todo mundo com o cinto apertado. E agora estão me acusando de engarrafamentos. Dizem que está impossível sair de carro. Esse pessoal devia fazer um estágio em São Paulo. A maior concentração de viadutos, túneis, marginais, vias expressas, minhocões e helicópteros do mundo — e mesmo com rodízio ninguém consegue andar. Isso não lhe diz algo, doutor?

Curitiba suspirou, desanimada. O Dr. Osmose conferiu o relógio e pigarreou, o clássico sinal de que o tempo estava acabando.

— Sabe qual é minha crise de identidade, doutor? É que estou parecendo o Brasil! E sem nenhuma atração turística para disfarçar! O que me dói são os assaltos, as crianças queimando crack ao meio-dia na praça, as mães carregando os filhos em carro de lixo! Esse cinturão de favelas em torno! Tem lido o jornal, doutor? Talvez a gente pudesse pedir uma pizza por telefone — ela sugeriu, de medo de voltar à vida real. — Não há nada mesmo a fazer?

[07/10/2008]

CARNAVAL EM CURITIBA

É inacreditável, mas já pulei carnaval. Tenho uma foto inverossímil de mim mesmo em Antonina, divertindo-me no glorioso desfile do "Império da Caixa-D'água", que por dois ou três anos foi dirigido por W. Rio Apa e, se não me engano, até premiado no concurso local. A imagem do carnaval de Antonina daqueles anos 1970 fixou-se para mim como de uma festa verdadeiramente popular, que envolvia cada morador da cidade. Talvez eu esteja apenas retocando a memória, mas acho que era isso mesmo — uma coisa muito boa.

De volta a Curitiba, o carnaval foi desaparecendo da minha alma, a ponto de hoje eu achar que é uma coisa chatíssima. Vejo aquelas multidões em Recife, em Salvador, no Rio, milhares de pessoas esmagando-se em avenidas na estridência de uma música de batida primária, com o olhar distante de um marciano a admirar a estranheza de um acontecimento que, por certo, está entre os maiores espetáculos da Terra. No caso do Brasil, trata-se de uma festa que nos define internacionalmente como brasileiros, para o bem e para o mal. Aqui o carnaval é um evento muito sério; há uma simbiose cultural fortíssima entre a festa e o que seria a nossa famigerada "identidade". Nessa imagem, entram fatos e mitos entrelaçados: sensualidade, liberalidade, musicalidade e uma profunda "desierarquização" dos poderes, que sempre foi a essência milenar carnavalesca — o mendigo se veste de rei, o rei, de mendigo.

O problema é que sou de Curitiba. Acaso não somos também "brasileiros"? Será que não somos patriotas o suficiente?

Por que a cidade se esvazia no carnaval? Será puramente um problema geográfico? Porque afinal os curitibanos pulam, e muito, em Caiobá e Guaratuba.* Há explicações de todo tipo: quem gosta de fila não pula carnaval, temos horror à transgressão, nossa timidez é mortal, "o que os outros vão dizer", "esse pessoal precisa de serviço", "polaco tem cintura dura" etc. — a lista de desculpas é infinita, mas todas giram em torno do célebre e misterioso temperamento curitibano, a inefável atmosfera da cidade. Lembro que há alguns anos caminhei por uma hora no parque Barigui em plena Terça-feira Gorda, o parque cheio de gente, e não encontrei um único signo de carnaval, por mísero que fosse, uma máscara de criança, um balão, um pedaço de serpentina, um confete perdido, um longínquo "mamãe eu quero" vindo pelo ar. Nada. Poderia jurar que estávamos no mês de outubro, na Áustria. Uma paz que achei, aliás, maravilhosa.

Alguém já propôs que, em vez de forçar uma festa que, parece, a cidade não quer, a Prefeitura patrocinasse algum evento diferente, para atrair os milhares de brasileiros que por acaso não gostam de carnaval (e são legião): um encontro nacional de psicanálise, um festival de música erudita, uma feira de livros, algo assim. O que reforçaria a nossa já famosa originalidade no cenário brasileiro.

[24/02/2009]

---

* Balneários paranaenses.

FRIO

Espero que a terça-feira amanheça fria, muito fria, o termômetro descendo perigosamente para o número 9, isso dentro de casa, para ilustrar ao vivo minha crônica. Certamente meu plano não dará certo — nosso clima, como sabemos, não é confiável, e basta querer o frio, mesmo que por motivos egoístas, que ele não virá. Tudo para dizer que uma das marcas da paixão que eu aprendi a alimentar por Curitiba ao longo de cinquenta anos é o frio. Na verdade, *era* o frio, que me animava. Mas nessa altura da vida, em que tudo dói com mais capricho numa conspiração sinistra, começo a detestá-lo, a odiar esse gelo que chega à raiz da alma e que eu pensava já desaparecido pelo aquecimento global. Os verdes que me perdoem, mas que venha logo o aquecimento, senão global, pelo menos aqui nas redondezas.

Só de uma coisa eu gosto no frio curitibano: o azul que vem junto, quando calha de passar a chuva e a umidade. É raro acontecer, mas às vezes acontece — um céu de brigadeiro, azul inteiro, tão forte e nítido que parece não fazer parte da natureza; e junto com ele, é claro, vem o frio. Corremos para uma réstia de sol, aliás inútil, como um bicho acuado. O azul é a chave — é dele que alimentamos algum prazer, encarangados no paletó, e olhamos para o alto, como se lá do céu pudesse vir algum calor só pela força da súplica.

Não vem. O frio curitibano é lento, agudo, vingativo, súbito. Claro, ninguém tem defesa contra ele — o Brasil tropical não deixa popularizar os sistemas de aquecimento. Tenho certeza absoluta de que, se eu implantasse calefação aqui em casa, passaríamos dez anos de verão curitibano, nem um só dia frio para testar o sistema. Basta comprar lenha para a lareira que os tocos ficarão empilhados meses na sala, vítimas da onda de calor que invadirá a cidade. A solução não é solução: os tais aquecedores elétricos são sempre derrotados pelo pé-direito alto, portas abertas, sobrecarga de luz — e lá temos de arrastar a geladeira, vela acesa na mão, para religar o disjuntor que caiu. Dois passos adiante já está frio de novo. Encasacado, pulôver sobre pulôver, ceroulas e camisetas, meias de lã, e mesmo assim o pé gelado, movo-me como um velho urso reumático — tudo irrita. Uma topada, um leve bater de dedos na quina da mesa, e você chora. Só o banho aquece, mas entrar e sair dele é uma tortura medonha. Para minha desgraça, a civilização estabeleceu que devemos tomar um banho por dia, depois de trinta séculos tranquilos. Para tudo o mais se dá um jeito na vida, exceto escapar do banho diário, uma invenção de índios. Única salvação, entregar-me inteiro à preguiça, essa deusa sensual e malfalada. Como cada gesto se trava no caminho, a cidade inteira um iglu, a preguiça é uma dádiva.

Sonho com não fazer nada, quentinho sob as cobertas, pensando na vida que não começa enquanto o frio não passa — única angústia, a crônica atrasada que preciso entregar.

[30/06/2009]

AS DUAS FAMAS DE CURITIBA

Curitiba é uma cidade famosa por dois motivos contraditórios — uma fama externa e outra interna. A externa todo mundo sabe, e sinto sua força onde quer que eu vá. Agora, por exemplo, escrevo esta crônica em um hotel em Cuiabá, depois de um choque térmico de pasteurizar a alma (saí de Curitiba com 8 graus, cheguei aqui com 34), e em poucas horas já ouvi vários elogios à minha cidade. O sistema de transporte e o planejamento urbano são referências imediatas, mas sempre vem uma sobremesa com elogios ao Festival de Teatro, à limpeza das ruas, à organização da cidade, que é "ecológica".

Antigamente, com trinta anos de prática na Boca Maldita afinando a verruma da língua, eu dizia que não é bem assim. Muita propaganda, esse pessoal exagera, a cidade é violenta, o sistema de transporte está esgotado e por aí vai. Hoje, prefiro apenas dizer que Curitiba tem obviamente os mesmos problemas que o Brasil tem, com algumas vantagens operacionais que podem fazer diferença. Na verdade, sempre que saio de Curitiba quero o quanto antes voltar para lá, o que, é claro, diz mais do meu temperamento do que da cidade.

Essa fama positiva da cidade é resultado de uma criação de imagem urbana incrivelmente bem-sucedida. Porque, se pensamos na Curitiba que vai até os anos 60, éramos uma capital sem rosto, sem um sinal visível de uma personalidade marcante. No máximo, vagamente, uma "cidade universitária". Quando menino eu ouvia também dizerem que Curitiba era a "cidade sorriso". Por que esse título soava tão absurdo até para uma criança?

E aqui chegamos à reputação caseira de Curitiba, o que se diz de seus habitantes. De vez em quando dou de cara com essa imagem interna, no papel da vítima. Há pouco recebi um e-mail de um leitor reclamando que eu não respondia suas mensagens, mas já na frase seguinte se ergueu o verdadeiro assunto: que Curitiba é assim mesmo, todo mundo metido a besta, com o rei na barriga; aqui ninguém dá bom dia nem informação porque se acha superior, e eu seria só mais um deles — e a catilinária foi me reduzindo a nada, eu já profundamente arrependido do meu suposto crime. Bem, irritação do leitor à parte, a imagem do cidadão que ele retrata não é um desvario avulso; corresponde de fato a um imaginário coletivo do "ser curitibano", essa figura indecifrável. Alguém arredio, de uma reserva que, mal-entendida, beira a hostilidade, ou então de uma extroversão agressiva e fora de esquadro, com o qual o próprio curitibano gosta de brincar. Ou acusar: nossa autofagia é célebre.

O que não deixa de ser um paradoxo curioso — nesta fotografia mental, Curitiba é uma cidade que se define como marca de modernidade e que abriga uma população conservadora e surdamente refratária. Mas, entre as imagens e o mundo real, existem cidades de fato e pessoas em carne e osso. Não é simples desembarcar do conforto da imagem e tocar a vida real.

[14/06/2011]

FRIO E MELANCOLIA

É uma grande tentação epistemológica, digamos assim, com pompa, circunstância e alguma imprecisão, relacionar temperatura ambiente e temperamento: simplifica a interpretação da vida e do mundo. O termômetro determina nossa alma, e não essa complicação toda que a gente lê nos livros e nos jornais. É verdade que não há base científica para afirmar que islandeses, finlandeses, curitibanos e suecos seriam mais taciturnos, quase que permanentemente rodeados de gelo, enquanto baianos, manauaras e caribenhos, mais extrovertidos e alegres, sempre banhados de sol, mas o senso comum diria que sim. A cabeça de alguém que vive o ano inteiro encarangado dentro de um iglu salgando peixe certamente não funciona do mesmo modo daqueles que vivem à solta sob um teto de palha trançada, bebendo água de coco e coçando a barriga, embora seja difícil afirmar quais sejam esses efeitos, já que uns e outros riem e choram do mesmo jeito.

Li uma vez, num daqueles almanaques de infância que davam de brinde nos armazéns de esquina, no tempo em que existiam esquinas e armazéns de secos e molhados, que, enquanto homens pré-históricos de regiões quentes desenhavam nas cavernas animais correndo ao ar livre em traços rápidos e leves, os de regiões frias se concentravam em revelar em detalhes as entranhas dos bichos. O exemplo que o almanaque dava das inscrições rupestres dos povos frios me lembrou esses diagramas das denominações das peças do boi que encontramos em alguns açougues, transformando o desenho de uma rês em um mapa político do Brasil.

Em suma, seres tropicais vivem para fora, alegres e felizes, ouvindo Dorival Caymmi e Perez Prado, enquanto os abomináveis homens do gelo vivem para dentro, não só das casas, mas também das cabeças, ruminando abstrações geladas e ouvindo intermináveis concertos de Sibelius enquanto os nove meses de inverno não passam.

Não sei se é verdade. O que eu sei é que o frio traiçoeiro de Curitiba, que ataca pelo método da guerrilha, surgindo na manhã mais inesperada ou soprando num fim de tarde abrupto em pleno novembro, tem o dom de me deixar melancólico, assim como o vinho. Mas a melancolia do vinho eu resolvi trocando-o pela cerveja, que no segundo gole já me deixa feliz como nunca fui, liberando a risada e o bom humor; já a melancolia do frio não tem solução, a não ser me encapotar. Sinto que este foi um ano pesado para mim, e especulo o quanto o frio fez parte do pacote, um frio intenso, teimoso, renitente, um frio bumerangue, um frio ridículo às portas do verão — eu louco por uma camiseta libertária, e nunca chega a hora de usar. Não sei o que esses cientistas loucos querem dizer com o aquecimento global, com o perigo do derretimento dos polos, com o horror dos vapores quentes. Não adianta, nem vamos aproveitar o calorzinho; Curitiba não consegue mesmo se globalizar.

[22/11/2011]

DE VOLTA À VIDA REAL

A ANGÚSTIA DA OPINIÃO

Uma das consequências desse perpétuo estado de ubiquidade em que vivemos, entrelaçados nas redes de informação, é a necessidade premente de ter "opinião". Sim, obviamente ninguém sobreviveria um minuto sem um sistema de valores, nem que seja o que nos leva a decidir se o melhor caminho para ir ao banco é pela direita ou pela esquerda (literalmente falando, bem entendido). O problema é que agora há uma urgência assustadora para essa necessidade básica; e como a intimidade é um valor que está desaparecendo — é preciso que todos falemos bem alto ao mesmo tempo, que as paredes sejam transparentes, que os blogues todos estejam ligados 24 horas por dia para revelar os mínimos momentos de nossas vidas —, nossa opinião escancarada é parte indispensável da nossa personalidade.

Sim, sempre foi assim, mas agora parece que aquela ruminação silenciosa diante dos fatos do mundo, o silêncio diante do incompreensível, o direito ao espanto respeitoso, a apreensão tateante da névoa da realidade, a capacidade de dizer "não sei", como um bom começo de conversa, tudo isso cedeu lugar a uma histeria opinativa que não deixa a mínima fresta entre o fato e a faísca do cérebro. Como sempre fui lento em tudo, sofro terrivelmente nesse mundo novo.

O que você acha do Obama? O Ronaldo deve continuar o regime ou já está bem assim? O Irã deve ter programa nuclear? O presidente Chávez é um perigo ou é só o jeitão dele? Como resolver a questão palestina? O rio São Francisco deve ser desviado? O desconto para estudantes nos cinemas é justo? Com o novo técnico o Atlético vai sair mesmo do buraco? O sistema de cotas melhorou ou piorou as universidades? O jacaré é um animal mais bonito que o sapo?

Isso não tem fim, nós sabemos. Ao lado dessas questões transcendentes, sempre aparecem duas ou três opções que pulam da tela do computador para a vida real. O lado triste da enxurrada de opções obrigatórias é que o reconhecimento do mundo vai se transformando numa fotografia chapada em preto e branco, sem lugar para nuances, dúvidas, incertezas, alternativas. Nessa rede obrigatória de sins e nãos, os cidadãos nos tornamos seres compulsivamente binários, cuja primeira consequência, parece, é o desaparecimento da relação humana no que ela tem por natureza de difuso e complementar. Nos períodos de ditadura, quando o Estado passa a ser ele mesmo agente do crime, o mundo fica de fato chapado, porque não temos outra escolha moral além de dizer não. Mas não vivemos mais numa ditadura.

A angústia da opinião está também no fato de que não posso me entregar à paralisia multiculturalista, segundo a qual não devo ter opinião nenhuma porque todas são antropologicamente justas. Mas como fingir que não estou em lugar algum? Enfim, melhor deixar o leitor em paz — o problema é do cronista, que é confuso.

[16/06/2009]

"NÓS" E "ELES"*

Venho acompanhando duas notícias recentes aparentemente sem ligação entre si mas que de certa forma são o retrato de um Brasil cindido entre "nós" e "eles". Digamos, para começar, que o leitor que está com esse jornal nas mãos, ou lendo o texto pela internet, pertence à tribo do "nós". Somos uma família: sabemos ler, e lemos (o que é diferente), temos uma renda mínima que nos permite comprar um jornal e um trabalho que nos deixa alguma fresta de tempo para alguma atividade, digamos, livre, como ler a *Gazeta*. O leitor também está diante da seção de opinião, o que também nos diz alguma coisa. Um bom detetive — ou um bom publicitário — irá delimitando esse perfil com pequenas pistas até saber mais de "nós" do que nós mesmos.

"Nós", eventualmente, podemos ir ao parque Barigui usufruir de um notebook, dar uma viajada na internet, mandar um e-mail, falar pelo Messenger, baixar uma música ou simplesmente nos exibir com nossa tela em formato de cinema e máquina de última geração. O sistema de banda larga pública, com conexão sem fio, é mais um ponto da nossa aproximação civilizada, cidadãos do mundo. Entretanto, tem uma pedra no caminho: "eles".

---

* Nesta crônica, Tezza comenta duas notícias locais: de um lado, o parque Barigui, localizado em área nobre de Curitiba, inaugurava o acesso à internet sem fio a seus frequentadores; de outro, um atropelamento por ônibus — nas famosas vias rápidas e exclusivas em que circulam os ônibus expressos curitibanos — vitimava a família de um catador de papel.

Quem são "eles"? Eles — bem, eles são uma massa difusa, talvez venusiana, de ladrões, assaltantes, homicidas, estupradores, todos ocultos nas sombras daquelas árvores tão bonitas, prontos a fazer um arrastão devastador e sanguinário assim que "nós" abrirmos nossas máquinas, tranquilos sobre a relva. Sabemos quem são "eles"? Sim e não. O leitor sabe? Proponho um teste: vamos fechar os olhos e deixar que a imagem d'eles se forme sozinha na nossa cabeça. É só prestar atenção nos detalhes: a nuvem difusa toma uma forma concreta: aí estão "eles"! Eureca! A partir desse retrato puramente mental, mas poderoso, podemos, quem sabe, eliminá-los — para isso existe a polícia — e pronto. O parque Barigui será nosso. Faz sentido?

A segunda notícia é trivial, e caberia na série *De volta para o futuro*, produção de Spielberg. O "nós" e o "eles" se separam no tempo, embora frequentemente se choquem no mesmo espaço. Assim: um servo de gleba da Idade Média, no século XIII, transportando uma carroça de feno, com mulher e filhos, ia tranquilamente seguindo morro acima e morro abaixo na bela paisagem verde, para entregar o fruto de seu trabalho ao suserano, quando por um erro cósmico entrou em outro anel das eras, mais exatamente na via rápida de um metrô de superfície do século XXI, e foi esmagado por uma máquina voadora. A criança que, feliz, estava encarapitada na carroça, brincando sobre o feno, morreu. Ela poderia ser uma personagem intermediária da história, já no século XIX, saída das páginas d'*Os miseráveis*, de Victor Hugo, ou, com mais sorte, das *Grandes esperanças*, de Charles Dickens, mas infelizmente não teve tempo de virar literatura.

[22/04/2008]

SOCIEDADE E TRIBO

O cinema vem explorando o tema exaustivamente, desde os clássicos faroestes até os policiais urbanos — diante de uma situação de gritante injustiça, alguém resolve assumir a lei pelas próprias mãos. É uma ideia que tem um apelo emocional irresistível. O tema toca na nostalgia de alguma pureza primordial, pré-civilização, em que a ideia do que é justo e bom não resultaria de uma construção coletiva da cultura política sempre contraditória das sociedades, mas de alguma coisa fundamental que está acima de tudo e que não precisa ser pensada, apenas "sentida". Como não somos deuses, esse rompimento com a regra social é uma escolha pessoal, uma decisão intransferível que se toma. E o preço é pesado.

A tensão entre indivíduo e sociedade, afinal a alma da nossa vida, é o motor permanente do dilema. Está presente tanto na simples decisão de jogar uma lata de refrigerante pela janela do carro quanto no desespero de Hamlet para vingar o assassinato do pai, já que o Estado — representado pela rainha — era conivente com o crime. Claro que há uma diferença abissal de dimensão ética entre os casos, e também de suas consequências. No cinema, na literatura e no teatro, o motor central parece sempre repetir o monólogo shakespeariano: "Suportar calado os dardos da injustiça ou insurgir-se contra eles?" Nesse modelo, a decisão é sempre do indivíduo, porque a sociedade é descartada.

A morte recente de um assaltante pelas mãos de taxistas foi mais um desses casos-limite. A resposta a uma dura injustiça passa a funcionar na mesma lógica transgressora do crime; levada à última consequência, essa privatização da lei — como a indizível estupidez que também recentemente assassinou um pichador de muros — destrói os horizontes de sobrevivência comum. A rapidez com que o chamado senso comum saca das adversativas atenuantes — "mas era um assaltante", como se fosse esse o foco da questão — revela uma ética já dissolvida no comportamento irracional de manada. O que parece uma afirmação do indivíduo é de fato o seu aniquilamento. O "mas era um criminoso" se encaixa facilmente em "mas era uma prostituta", "mas era um índio", "mas era uma empregada doméstica", "mas era pobre" — são gradações desqualificantes com diferenças notáveis, mas em todas transparecem insidiosas a crescente cultura da justiça tribal e de sua cada vez mais maldisfarçada simpatia pela violência.

Entende-se o crescente isolamento social pelo vidro fumê dos carros, cercas elétricas, bolsões de consumo refrigerado com acesso vedado a parcelas da população e polícia particular, porque a barra anda mesmo pesada. Mas, se de alguma forma as classes médias forem incapazes de pensar em alternativas sociais, culturais e educacionais que nos ponham em contato uns com os outros, em pouco tempo estaremos inaugurando praças de linchamento como o ponto alto da ideia de justiça que nos restou.

[03/06/2008]

DO OIAPOQUE AO CHUÍ

Minhas certezas patrióticas de infância foram se esfarelando uma a uma. A primeira é a própria ideia de "pátria", que nos meus anos de formação se confundiam com algo criminoso, uma usurpação, uma desculpa esfarrapada. A adolescência é a fase mais marcante da vida — e foi justo na minha adolescência que a ditadura militar se implantou no país. Por uma rede de influências e significados sociais em que me vi envolvido, criei uma desconfiança bruta de toda imagem oficial do país. Países são entidades mais ou menos inventadas pelo tempo e pela história, sustentadas pelo aparato de Estado e depois consolidadas por uma espécie poderosa de um silêncio que consente — não há tempo de pensar nisso; apenas sobrevivemos aqui e agora.

E, é claro, a poderosa liga social que nos une desde que nascemos, a partir da comunhão da língua, dali à vizinhança comum e a todos os traços culturais que absorvemos pela vida afora, vai como que criando um país verdadeiro, aquele em que de fato vivemos e que realmente conta. Apesar de meu impulso anarquista, reconheço que não inventaram nada melhor do que a base do Estado moderno laico para a sobrevivência comum das pessoas. Ainda que, de fato, ninguém tenha a escolha de viver ou não sob sua tutela — as opções seriam, quem sabe, naturalizar-se indígena em Roraima ou obedecer ao traficante da esquina. A sombra do Estado tem um peso equivalente ao de um DNA na nossa formação, de tal forma que às vezes se imagina que ele seja não uma criação da cultura humana mas a expressão inexorável de um destino ao qual não temos o mais remoto acesso, como nos pesadelos de Kafka.

Lembro de um professor da infância que, para mostrar a incrível unidade brasileira, repetia sempre esta pérola maravilhosa de ambiguidade: "No Brasil, quando dá o jacaré, dá o jacaré do Oiapoque ao Chuí!" Não é um espanto? Um país que se define orgulhosamente pela sua contravenção cotidiana. Criança, fiquei sempre com aquele Oiapoque ao Chuí na cabeça e com a mágica maravilhosa do jogo do bicho que nos unia todos os dias. Depois, sempre me disseram que no Brasil não tinha racismo, violência ou terremoto — são tantas as nossas qualidades que, quando começa a cair a ficha de que há algo errado, parece que o erro é nosso; e, às vezes, como o atleta olímpico que falhou, até pedimos desculpas à Nação, sintetizando num gesto de obediência a força do Estado que com ela se confunde, como se o atleta fosse antes um funcionário que um cidadão. Num Congresso de Literatura em Santiago de Compostela, anos atrás, fiquei surpreso com o impulso separatista dos galegos de afirmar a própria nacionalidade na Espanha pós-Franco, e dali a se constituírem como Estado. É como se a mitologia da velha tribo que bate no peito ancestral dos homens tivesse de encontrar guarida mesmo num mundo em que sua lógica familiar não faz mais sentido.

[30/09/2008]

O FIM DO CAPITALISMO

Estão dizendo que o capitalismo acabou. Mais: acabo de ler na internet que o estouro da bolha das hipotecas, ou da bolsa de Nova York, esse rolo todo, é o equivalente ocidental à queda do famigerado Muro de Berlim. Não entendo de economia — sei apenas que a poupança é uma aplicação segura que o Estado garante até certo ponto caso o banco vá à falência; para mim, é um saber suficiente. Mais que isso seria cultura inútil, já que não tenho dinheiro. Mas descobrir subitamente que o capitalismo acabou e o que está acontecendo no mundo todo é uma reedição invertida da queda do Muro até que me deixou animado.

A primeira sensação é um certo conforto — afinal, eu não estava errado na juventude quando ansiava tão ardorosamente pelo fim do capitalismo. Incrível — eu já sabia! Eles mesmos, os capitalistas, se acabaram por conta própria, comprando e vendendo aquela papelada de conto do vigário, uma corrente de felicidade universal, até que as casas literalmente caíram. Fim do capitalismo! Nem foi preciso pegar em armas.

Mas, para falar a verdade, ainda não notei muita diferença. Afinal, sou há duas décadas funcionário de uma empresa estatal do ramo de produção de conhecimento, a universidade federal, que já vive uma gestão inspirada no modelo socialista, de centralismo democrático em sistema de arquipélago, tradicionalmente imune às tempestades do mundo externo. O mundo pode acabar, mas jamais a universidade, sólida como um claustro medieval, que aliás é a sua origem metafísica. Assim, nesse aspecto, a implantação do socialismo —

bem, não sei exatamente o que vem depois do fim do capitalismo, mas imagino que, de acordo com a cartilha da História, deve ser algum tipo de socialismo, ou uma reedição atualizada dos falanstérios de Fourier — não me afetará muito a curto prazo.

Estou desconfiado, entretanto, de que a queda do capitalismo anda meio demorada. Os tais meios de produção de riqueza, que deveriam voltar ao Estado o quanto antes para uma redistribuição mais equânime de bens, parece que continuam nas mãos dos capitalistas. Eles são cheios de truques. Ao ver uma fila comprida no caixa do supermercado, cheguei a imaginar que talvez estivesse em início uma racionalização de cupons (de cada um, segundo sua capacidade; a cada um, segundo sua necessidade), mas não é nada disso — só não contratam mais funcionários para aumentar o lucro. É sempre assim. E agora, com a crise, dizem que estão mais pobres, chorando pitanga. Vão demitir mais gente — o perigo é que, agora sim, reapareça o Capitalismo Selvagem, com seu cavalo negro, que parecia mais ou menos domado. Enfim, a coisa é confusa.

Andei vendo os noticiários de TV, para saber as novidades da derrocada, mas não estão informando nada a respeito. Só notícia diversionista para distrair a atenção das massas.

[28/10/2008]

PLATÃO E O ENEM

Em *A era dos extremos*, o historiador Eric Hobsbawm lembra aquele detalhe óbvio que só se percebe à distância — a geração contestatória de 68 ("é proibido proibir") foi filha da geração que presenciou o maior período de enriquecimento progressivo e bem-estar da humanidade, os trinta anos que se seguiram à Segunda Grande Guerra. Isso foi evidente nos países ocidentais ricos, mas com reflexos notáveis na periferia do mundo civilizado, como no Brasil. A pergunta retórica que Hobsbawm faz é por que aquele "jovem" — essa invenção do século 20 — era de esquerda e contestador, e não de direita e conservador; se observasse os seus pais, veria que entre 1950 e 1970 a vida destes melhorara dramaticamente. Olho para minha própria história e percebo como isso de fato aconteceu. Criança, filho de um pai que se alfabetizou adulto e se tornou advogado, fui testemunha ocular do primeiro fogão a gás e da primeira geladeira que entraram em casa. O radinho a pilha, Hitachi, passava de mão em mão como um santo graal. Vi a televisão chegar a Curitiba, ao vivo e em preto e branco; depois apareceu o videoteipe; e hoje escrevo nesse iMac de estimação, quando o extraordinário não é mais o aparelho, mas o que posso encontrar nele. Não só isso — em trinta anos a conquista das liberdades individuais, na vida familiar e social, deu um salto inimaginável em séculos e séculos anteriores, a ponto de criar um ser chamado "indivíduo", com mais direitos e menos deveres do que um rei teria nos velhos tempos.

Na sala de aula, tive o privilégio de ler diálogos de Platão para trabalhos escolares no ensino médio do colégio estadual, no momento de melhor qualidade da escola que o Brasil jamais viveu. Antes que se repita o bordão preguiçoso de que "naquele tempo que era bom", lembremos que essa era uma regalia de uma faixa muito estreita da população. Quando o ensino básico começou de fato a se universalizar (menos pela vontade política e mais pela inevitável urbanização que se seguiu à derrocada do campo sob o avanço industrial), o país nem de longe teria condições de manter o padrão para todos. E os abalos sísmicos da urbanização feroz, fim último do século 20, vão deixando cicatrizes violentas por onde ela passa.

O atual mantra brasileiro é o vestibular unificado do Enem. O velho processo se repete, agora no terceiro grau. Se é para ter universidade para todos, que se espere o que já está acontecendo — um imenso terceirão, talvez em pouco tempo o maior do mundo, na escala sempre superlativa do Brasil. O sonho romântico de "indissolubilidade entre ensino, pesquisa e extensão", o cidadão integral da "cidade do sol" autista sonhada pela estatal das federais brasileiras, a reza que alimentou espiritualmente greves, sindicatos e professores universitários da minha geração já são apenas uma memória burocrática diante do rolo massificante dos novos tempos.

[21/04/2009]

MEMÓRIA E BARBÁRIE

Todo mundo que já passou dos 50 costuma brincar com os lapsos de memória, o sinal da passagem do tempo. Mas há outra perda de memória, com a qual não podemos brincar — é a soma de informações históricas e de seus valores morais, éticos e intelectuais, esse conjunto de percepção da realidade que absorvemos pela vida. Numa palavra, a nossa cultura.

Somos de forma tão intensa a expressão de uma cultura que talvez muitos imaginem que ela aconteça por geração espontânea; que basta nascer para tudo aquilo que nossos pais aprenderam seja transmitido pelos genes; ou que toda a memória dos acontecimentos que vêm transformando o homem e a natureza desde que o mundo é mundo se transfira por milagre aos recém-nascidos. Se uma grande área da cultura é mesmo absorvida pela simples convivência, há outra área, a da História — e de tudo que se escreveu e deu ao homem moderno a cara que ele tem hoje —, que precisa começar de novo a cada geração. Com relação ao tempo histórico, a condição humana é sempre a de uma *tabula rasa* — começamos sempre de novo. E a História não é apenas um arrolar neutro de fatos — ela exige uma resposta ética.

O tema da memória me veio ao ler na *Gazeta* a inacreditável notícia de uma reunião de jovens neonazistas que redundou em duas mortes. Não na Berlim dos anos 1930, ou em algum evento de saudosistas na década de 1950, mas em nossos dias, aqui perto, como no pesadelo de um filme *trash*. Fiquei pensando o que levaria universitários brasileiros a se juntarem em torno de uma suástica em homenagem ao *Führer*, elevado à condição de um herói pagão de uma história em quadrinhos, e se autorrepresentarem como um exército promotor de limpezas étnicas e sexuais. Há algo de terrivelmente sinistro nesse espetáculo, por mais isolado que seja: a caricatura ridícula do evento está sempre a um passo da produção da morte, que é a alma nazista. Há muitas explicações psicológicas e sociais, mas vou reforçar apenas uma delas: a profunda ignorância da História de uma geração letrada que parece ter perdido os laços com o próprio tempo. E a sua correspondente anomia moral.

Só o desconhecimento completo sobre a Segunda Guerra (e essa é a hipótese boa), em que o delírio de uma nação militarizada e mesmerizada por um líder messiânico produziu um rastro de milhões de mortes, nas câmaras de gás e nos campos de batalha, pode explicar, talvez, o ritual da insanidade. A outra hipótese é a simples escolha. Como a do governo brasileiro, que decidiu receber com todas as honras o presidente do Irã, para quem o Holocausto é uma lenda, entre outros desvarios de um chefe de um Estado que se confunde com uma religião. Sim, Estados não têm amigos, têm interesses; e a diplomacia é a arte da paciência histórica — mas há limites éticos e simbólicos que não podem ser ultrapassados, se queremos que o Brasil vá além do que foi até agora.

[05/05/2009]

BRASIL, ARGENTINA E FREUD

Sempre me intrigou a rivalidade entre brasileiros e argentinos, que parece diferente das outras que alimentamos. Sim, há o antiamericanismo atávico, mas com a eleição de Obama ficamos momentaneamente sem jeito, como cachorro latindo atrás de caminhão que para de repente. Além disso é preciso que o outro nos reconheça como rival, e os americanos acham que falamos espanhol, que a capital do Brasil é a Bolívia e por aí vai. Um rival assim desqualifica a peleja. Tem o português, já sacramentado por milhões de piadas que fazem parte da própria identidade brasileira, como um espelho ao avesso, mas eles não são foco de tensão — tudo se desfaz em simpatia. São tão próximos que até fingimos que falamos a mesma língua. Sobram os argentinos como verdadeiros rivais — e nisso o futebol é um termômetro imbatível. Eles são os da turma da esquina. É uma rivalidade familiar, entre parentes e vizinhos, e portanto com uma carga letal perigosa. Como temos histórias e culturas mais ou menos semelhantes, de onde vem a rivalidade? Quais são nossas diferenças? De longe, parece tudo igual: inflação, ditaduras, churrasco, futebol.

Bem, há um fato curioso que talvez nos dê alguma chave: o amor que os argentinos nutrem pelas mulheres de presidentes, a ponto de colocá-las no poder. A mitologia de Evita é uma letra de tango; e os argentinos acharam por bem, décadas depois, exumar Isabelita em vida para que ela assumisse a presidência. E agora temos a Sra. Kirchner, eleita para suceder ao marido. Tudo bem — desconfio que seria até crime previsto em lei reclamar dos vizinhos porque elegem mulher de presidente. Mas quem sabe desse fato venha alguma luz para entender nossas diferenças?

Imagine o leitor que os brasileiros tivéssemos o mesmo gosto político. Em vez de dar um tiro no peito, Getúlio Vargas lançaria sua mulher à sua sucessão, e a crise, digamos, tomaria um outro rumo. Na mesma linha, Jânio Quadros, após a renúncia, proporia o nome de Eloá à sucessão, e toda a história seria outra — desde, é claro, que nós gostássemos de mulheres de presidentes a ponto de votar nelas. Adiante: na dúvida entre o terceiro mandato e os horizontes eleitorais da Dilma, em mais um golpe de mestre Lula lançaria Dona Marisa à sucessão. Ovacionada, ouvindo o clamor das ruas — multidões encheriam as praças com o bordão "Marisa Presidente" — e provocando o pânico na oposição, Dona Marisa assumiria o comando em votação acachapante.

Por que essa hipótese nos soa tão absurda, se na Argentina seria perfeitamente normal? Não sei. Mas antes que a soberba nos tome a alma, é preciso não tirar daí nenhuma lição em causa própria. Melhor entender como simples diferença, para a gente sintonizar com esse tempo multicultural. Eu diria que se trata de imaturidades de natureza distinta: eles se sentem bem protegidos pela mãe; já nós somos chegados a um bom paizão.

[23/06/2009]

QUEM VAI MORRER?

A primeira pergunta que faço diante da crise de Honduras não é exatamente quem tem ou não tem razão — é quem vai morrer. Duas pessoas já morreram. Foram defender alguma coisa na rua e levaram um tiro de hondurenhos que talvez não soubessem o que estavam fazendo ali. Não tenho informação detalhada. As notícias simplesmente diziam, de acordo com a inclinação dos jornais: "Nos confrontos entre os manifestantes e as forças do governo", ou "Nos confrontos entre os golpistas e os resistentes" etc., duas pessoas morreram. Ficou talvez alguma viúva, ou uma mãe, ou um irmão mais novo — não quero sentimentalizar a história. Aliás, esses breves mortos jamais terão nomes.

No momento em que escrevo, há um presidente eleito deposto de pijama e um outro que assumiu o poder por ordem da Suprema Corte. Há massas famintas gritando pelas ruas, negros ou índios em regime de escravidão lutando por seus direitos, uma situação social em limite de explosão a ponto de refundar o contrato civil da nação? Aparentemente, não — nenhuma revolução em curso. Trata-se apenas do velho e bom controle da máquina do Estado. Não há mais nada em jogo. Cometeram a burrice de tirar Zelaya à força e criaram um monstro que tem tudo para se tornar outro longevo Papai Noel dos tristes trópicos. Ao contrário das revoluções cinematográficas dos livros de história, a crise de Honduras se transformou num debate técnico, discutido em outras instâncias — a OEA, a Casa Branca, o Palácio de Chávez —, em que de um lado está o "bolivarianismo", a versão atual do magma colérico da América Latina, e de outro a neutra contrapartida legal-institucional de um país sem previsão de *impeachment* — até nisso o Brasil, que nunca tem nada a ver, deu sorte. Collor não voltou à força de armas; voltou nos braços de Lula.

Os especialistas políticos desdobram as complexas implicações do imbróglio. Mas, a essa altura do espetáculo, a única coisa que realmente interessa ao cronista ingênuo são os que vão morrer, se houver confronto. Depois da primeira tentativa de Zelaya entrar no país, ao som de fanfarras, talvez vejamos a reprise de um filme riscado em preto e branco com o pianista tocando ao vivo: as barricadas, o desembarque do deposto, as tropas oficiais e as tropas "revolucionárias", as bombas, o tiroteio, os jatos de água, as palavras de ordem, o circo completo. É duro ter de aguentar de novo esses chamados da "pátria". Que ponham os presidentes a duelar com espadas de pau na praça central de Tegucigalpa, *hasta la muerte!* Quem ganhar, leva. Não vai fazer diferença nenhuma. Mas pelo menos serão poupados os soldados, os jovens manifestantes, os curiosos, os perdidos, os idealistas com ou sem causa, os autômatos furiosos, os repetidores de slogans, todas as pequenas buchas de canhão que mais uma vez vão morrer nas ruas para dar emprego aos pilantras de sempre.

[28/07/2009]

TEOLOGIA E LIBERTAÇÃO

Acabo de ver uma fotografia do aiatolá Khamenei entregando a Mahmoud Ahmadinejad o certificado para exercer um segundo mandato de presidente da República Islâmica do Irã. A fotografia é loquaz: o presidente sorri, a cabeça humildemente inclinada e as mãos estendidas para receber o documento; mais alto, solene, vestido com a imponência hierática de um líder religioso máximo, Khamenei entrega-lhe o certificado. Não se trata de uma simples passagem de mandatos, de Ahmadinejad para ele mesmo — tem havido protestos violentos contra o que seria uma usurpação das urnas, e parece haver um sentimento disseminado no Ocidente de que alguma coisa está mudando para melhor no Irã. Olhando daqui, a sensação que temos é de que qualquer mudança seria melhor para o Irã, um país institucionalmente encalacrado em sua estrutura teológica de poder.

Seria tolice reclamar da religião muçulmana, afinal tão boa quanto qualquer outra. Felizmente, desde o movimento iluminista e o rompimento radical com o passado promovido primeiro pela Revolução Americana (1776) e em seguida pela Revolução Francesa (1789), a cultura ocidental escolheu separar cuidadosamente Estado e religião, entendendo o primeiro como a organização civil da convivência comum entre os cidadãos, e o segundo como opção individual, o direito simples mas inalienável do cidadão de professar a religião que bem entender. Essa separação, é claro, não caiu do céu — foi uma consequência histórica cheia de altos e baixos, entranhada num processo complexo e frequentemente violento de produção de riquezas, de avanço tecnológico, de progressiva urbanização do mundo — e, detalhe fundamental, de uma crescente percepção da autonomia do indivíduo e da recolocação da ideia de liberdade pessoal em um novo patamar.

Em outras palavras, fazendo uma redução ao absurdo: se a teologia continuasse com o poder político nas mãos, em suas formas monárquicas e fundamentalistas, é provável que, por exemplo, esse computador em que escrevo — e a rede que ele integra — jamais tivesse sido inventado pela simples razão de que não haveria as condições capazes de criar um cidadão que lhe desse sentido.

Assim, não espero muito de uma rebelião no Irã; tudo indica que se trata de um abalo sísmico para reacomodar o controle do poder e não para dinamitar um sistema político radicalmente incompatível com o mundo contemporâneo. O Ocidente gosta de insurreições porque elas quase sempre nos empurram para a frente; mas é bom relembrar o entusiasmo ocidental, em 1979, pela impressionante revolta gerida por Khomeini contra a encarquilhada ditadura do velho xá Reza Pahlevi. Pouca gente pressentiu que o que vinha pela frente seria não a desejada libertação política de um povo oprimido, mas um retorno mental ao século XIII, que a fotografia — um sacerdote legitimando um presidente — ilustra de modo tão cristalino.

[11/08/2009]

O DESEJO DE PROIBIR

Sou de uma geração anarquista que se criou sob o emblema "é proibido proibir". Liberdade era a palavra de ordem, o mantra que haveria de estabelecer os princípios da Revolução Francesa, finalmente aplicada aos valores do indivíduo. Liberdades políticas, individuais, sociais, familiares, mentais e que tais. Vendo já de uma boa distância, esse novo indivíduo foi gerado pela civilização da fartura americana nos anos 1950, que perdia a memória da dureza da Grande Guerra e começava a exigir a prosperidade permanente e sem culpa que o progresso tecnológico prometia. Do lado de cá do velho muro, a liberdade política alimentou todo tipo de utopia, principalmente as que não estavam de fato interessadas em liberdade, mas na utopia ela mesma, que, como se sabe, seja ela religiosa, ou política, ou perigosamente ambas, não gosta do indivíduo, esse serzinho imprevisível e desobediente, e sim de massa, poder e controle.

E no novo século, as coisas parece que tomaram outro rumo. Há um novo mantra no horizonte, o da responsabilidade ecossocial, digamos assim. Hoje, quando tudo é brutalmente produzido para a cultura do eu-sozinho, parece que, por paradoxo, não há nada pior que o individualismo. Mas o individualista de hoje não é mais o jovem rebelde que fugia de casa para viver algum sonho. Agora a ficha dessa figura curiosa — se fosse possível agregar tudo na mesma pessoa — é a de um sujeito solitário dentro de um carro, fumando e bebendo cerveja, sem cinto de segurança, jogando a guimba e a lata na rua, falando ao celular, assobiando para as mulheres da calçada, parando o carro na faixa — isso quando para — e buzinando em cada esquina. Exagerado? Sim, mas basta ver um filme dos anos 1950 para descobrir que, tirando o celular, eis o retrato de um herói simpático daqueles bons tempos.

Hoje o legal é proibir. Para o Estado, não é novidade — o Brasil tem historicamente uma das mais ricas e diversificadas tabelas de proibições de tudo quanto é tipo e freguês, listas de artigos e penas que abrangem todas as áreas e atividades imagináveis (legisla até mesmo sobre a linguagem que falamos, como se a língua fosse patrimônio do Estado), e ao mesmo tempo conta com um sistema judiciário complexo, profundo e ramificado, de alta competência retórica. Mas, como sabemos, apesar desse impressionante aparato, é em geral incapaz de pôr em prática o que quer que seja relevante num tempo minimamente digno.

Mas o desejo de proibir, a volúpia da lei, entrou no imaginário das pessoas, e é sob sua sombra que a nova geração se arma. O clássico "deviam proibir isso" que a gente ouvia, com um arrepio anarquista, dos avós quadrados agora está até na boca educada das crianças. A devassa que a era da informática permite na vida das pessoas é uma espécie de expressão coletiva desse prazer. Entramos na civilização do controle total; proibir é um desejo.

[13/10/2009]

O ESPAÇO PÚBLICO

Escrevo esta crônica em Lyon, na França, onde participo do festival itinerante Belles Lettres, que reúne todos os anos escritores latino-americanos em várias cidades do país para encontros com o público francês e com estudantes universitários. O primeiro impacto deste choque cultural é a percepção de que escritores argentinos, chilenos, colombianos e mexicanos vivem uma urgência política que no Brasil só se vê em reuniões partidárias em vésperas de eleição. Parece que súbito todos vão pegar em armas e começar uma nova "Revolución". Fala-se quase nada de literatura, mas muito de Pinochet, Chávez, Kirchner, Uribe — e quase sempre bem de Lula, considerado uma espécie original de "bom imperialista". É curiosa essa obsessão política. Tenho uma certa dificuldade para carregar o Brasil nas costas todo o tempo. De vez em quando sim, como um eleitor normal, mas o tempo todo cansa — não sou um missionário.

Bem, por aqui basta pronunciar o nome "Brasil" e todos os ouvintes sorriem. Não há apoio a institutos culturais brasileiros em lugar nenhum, que sobrevivem pela boa vontade de professores avulsos, sempre ao lado de bem-aparelhados institutos portugueses. E, no entanto, nos amam. Brasil? — e lá vem uma ginga de carnaval, braços erguidos, para demonstrar o amor pelo meu país. (Eles não sabem que eu sou de Curitiba.) Para a Europa, somos um inacreditável paraíso.

Não vou entrar nessa discussão. Fico com uma única observação, aliás de simples turista: o impressionante espaço público — digo espaço físico mesmo, a cartografia da cidade

— que se reserva aqui em Lyon (como em Barcelona, na Espanha, de onde venho) ao pedestre, que é o rei das cidades europeias. Tudo é feito para ele — imensos calçadões, praças generosas, amplos caminhos sob árvores, cafés e restaurantes. Certamente haverá pobreza por aqui, mas o fato concreto é que estou caminhando há dez dias e jamais me apareceu alguém pedindo esmola, oferecendo bugiganga ou me assaltando. Em lugar nenhum vi um guardador de carro. Nenhum carrinho se arrasta puxando lixo com uma criança no alto. Haverá um pouco disso por aqui, que não sou ingênuo, mas a estatística é eloquente.

E a comparação é dura: em nenhuma cidade média ou grande do Brasil um cidadão pode ficar sentado num banco de praça por mais de cinco minutos sem ser assediado. A ONU poderia criar um índice de qualidade humana a partir desse tempo de espera. Não há espaço público no Brasil como expressão da liberdade, do lazer ou do simples trânsito. Cidadãos integrados e excluídos disputam o mesmo espaço, desviando-se os primeiros dos segundos como artistas do andar rápido sem se deter, entrincheirados em carros ou refugiados em centros comerciais. Os europeus acham graça da felicidade brasileira, que certamente é muita. Mas um país que sequer tem uma praça a oferecer a todos os seus habitantes vai muito mal.

[20/10/2009]

UM BRASIL PITORESCO

Os europeus têm uma imagem positiva e otimista do Brasil — antes mesmo do Descobrimento já se reservava para esse lado do mundo uma terra de promissão, um paraíso terrestre, um eldorado que ao longo do tempo se consolidou em uma das mais renitentes mitologias da nossa história. Fala-se do Brasil e imediatamente o estrangeiro sorri — é impossível não gostar do nosso país. Nesse panorama idílico, o Brasil são mulheres sensuais, futebolistas de gênio, bom humor contagiante, união das raças — e os olhos se arregalam.

São imagens que de certa forma consubstanciam um desejo profundo de que sejamos assim mesmo — como se o domínio racionalista, tecnológico e pragmático da cultura ocidental precisasse, para respirar, da ideia de um paraíso alternativo e libertário, puro e natural, que vem encontrando no Brasil, durante séculos, a sua imagem exata. Somos "pitorescos". E eles riem, felizes.

Nós também. No século 19, Dom Pedro II andava em caravana pelo mundo inteiro no papel de sábio imperador, exportando a imagem do Brasil — entre lendas e fatos, teria conversado com Victor Hugo na França, falado pela primeira vez ao telefone com Graham Bell, nos Estados Unidos, além de outras fascinantes aventuras. O que tínhamos orgulhosamente para mostrar? Índios. Na fantasia do Império, o índio era a nossa figura épica, fundadora da Nação brasileira. Por baixo do tapete real, escondia-se o horror da encarquilhada mas lucrativa escravidão brasileira que carregava o país nas costas — um sistema econômico sinistro que nos proporcionou um século de atraso em tudo.

A verdade é que jamais fomos respeitados. Somos admirados pelas razões erradas, por conta da fantasia e não da realidade concreta. Mas há um Brasil profundo que se respeita quase sempre à revelia de tudo que é oficial, como o trabalho maravilhoso de Zilda Arns reduzindo drasticamente a mortalidade infantil; o serviço discreto e pacificador das tropas brasileiras antes e depois da tragédia no Haiti; a solidariedade nos desastres do clima, como se de tempos em tempos a melhor matéria-prima brasileira viesse à tona para mostrar que existe.

O desejo de merecer o respeito externo, porém, deveria começar com a nossa própria autoestima, que só se sustenta à custa de mitos. Preferimos começar pelo fim, pelos discursos na ONU, pelos águias de Haia. Quando se vai ao osso, o Brasil dói. Um único exemplo: o IBGE informa que 11,5% das crianças de 8 e 9 anos são analfabetas — entre os adultos, a média é 10%. Isto é, estamos piorando. O maior índice de crianças analfabetas se encontra no Maranhão: 38%. Como o senador José Sarney, que manda naquele estado há décadas e já foi até presidente da República, é um homem honrado, a culpa dessa perpétua bomba-relógio cultural deve ser — não sei, do "imperialismo americano", talvez? Somos mesmo um país pitoresco.

[19/01/2010]

A RESISTÊNCIA DA ESQUERDA

Dias atrás li uma manchete aqui na *Gazeta* que fala por si: "Irã enforca dois acusados de liderar protestos; 12 podem ser mortos." Os crescentes protestos no Irã são contra a fraude eleitoral que reelegeu Mahmoud Ahmadinejad na presidência do país. O mesmo cidadão para quem, há pouco tempo, Lula serviu cafezinho e trocou sorrisos aqui no Brasil — lembrando-se de dizer, com a graça de sempre, que os protestos que aconteciam lá eram uma chiadeira de perdedores. A ideia de que se pode enforcar pessoas que protestam nas ruas contra o resultado de uma eleição, ou o que seja — e enforcá-las legalmente, de acordo com os trâmites dos tribunais —, é tão visceralmente absurda que sempre me surpreende a dificuldade das esquerdas para pôr um foco em alguns dos direitos fundamentais da condição humana. O horror iraniano seria tolerável em nome de alguma contrapartida ao "poder americano", ou outro mantra do gênero.

Há como que um deslocamento da questão central para duas direções: ou em nome de alguma utopia fundamentalista que exige o sacrifício hoje para que se alcance amanhã o paraíso terrestre (a máquina ideológica que criou e sustentou a União Soviética), ou o que se costuma chamar de "pragmatismo político" — o mesmo que deu casa e comida para a equipe de Zelaya durante meses num dos mais bisonhos fracassos da nossa política externa. Na Venezuela, o que menos preocupa são as nacionalizações; o sinal evidente de que algo ainda vai se transformar em tragédia irreversível naquele país são as "milícias bolivarianas", um recurso clássico do fascismo — criar um exército particular de fanáticos que respondem diretamente ao presidente da República e que exercem a função onipresente de "guardas da esquina". É uma viagem sem volta, porque destrói o país. Qualquer análise fria verá que o legado de Hugo Chávez será uma ruína política, cultural e social duradoura, como sempre acontece nas ditaduras.

Para a geração de esquerda que hoje tem de 50 a 70 anos, ronda o eterno fantasma da revolução cubana e dos sonhos ideológicos dos anos 1960. Costuma-se dizer que os sonhos são bons, mas se corrompem; a questão é que o imaginário sincero que moveu aquela geração de lutadores era fundamentalmente um equívoco — o pressuposto político de que a felicidade humana depende da eliminação das diferenças, e não de seu cultivo. Cuba foi soterrada pela sua revolução; hoje é uma sombra de país, comandado por uma gerontocracia policial e militar truculenta que não pensa em outra coisa senão na sobrevivência própria, dia a dia, porque sabe que não tem futuro. Parece que a resistência da esquerda sincera em reconhecer o óbvio deve-se muito mais ao amparo psicológico de que precisamos para dar algum sentido à nossa vida do que a qualquer análise racional. Enquanto isso, os enforcamentos prosseguem no Irã.

[09/02/2010]

GUERRILHEIROS E EXILADOS

Num de seus discursos, a candidata Dilma Rousseff afirmou que não fugiu do Brasil durante a ditadura — ficou por aqui, enfrentando a luta. A observação foi uma alfinetada — para usar essa palavra gentil — nos exilados brasileiros, aqueles que, diante da falta total de perspectiva, optaram por sair do país. O alvo de Dilma foi obviamente José Serra, contra quem ela disputa a presidência da República.

O curioso é que, na mesma semana, alguém diametralmente oposto ao mundo de Dilma, o general Leônidas Pires Gonçalves, ex-ministro do Exército e ex-comandante do I Exército, numa reveladora (e estarrecedora, para os mais sensíveis) entrevista a Geneton Moraes Neto, dizia exatamente a mesma coisa: os exilados foram "fugitivos"; se ficassem por aqui, segundo a lógica do general, nada lhes aconteceria.

Que o general diga isso, entende-se — para quem convenientemente acha que Vladimir Herzog se suicidou e que não havia tortura no Brasil, o país será aquilo que dizemos que ele é, principalmente com o Exército na mão e uma ditadura a pleno vapor. Mas é difícil entender por que Dilma Rousseff usou o mesmo argumento. Talvez o calor da campanha explique, mas, de qualquer forma, chamar exilado de fugitivo é, na hipótese boa, uma simplificação mental dolorosa. É compreensível que tanto Leônidas como Dilma entendam que, àquela altura, a solução mesmo era "sair na porrada". Os anos 1960 foram radicalizados, na política e nos costumes, e quando o Estado suspende os direitos dos cidadãos instaura-se como soberano e se torna, ele mesmo, criminoso, tudo passa a ser permitido.

Mesmo assim, as escolhas são inescapáveis. Vendo-se à distância, a opção pela luta armada foi um dos erros políticos mais lancinantes da esquerda brasileira; entre outras razões porque o ideário que a moveu era, justamente, a instauração de uma ditadura "do bem", digamos assim, para entender de forma cândida o sonho comunista. Naqueles tempos, a ideia de democracia representativa era entendida pela esquerda apenas como "democracia burguesa" a serviço dos ricos. Mais tarde, se viu que o socialismo real se transformou numa máquina de moer gente, em que Cuba e Coreia do Norte brilham como últimas caricaturas. E, do ponto de vista prático, a estupidez da opção armada deu todos os argumentos para a ditadura se fortalecer.

Uma larga margem da contestação política daquela época, entretanto, entendeu que a resistência teria de ser institucional. Não era apenas uma questão tática — era uma visão de mundo distinta que se afirmava. Os exilados brasileiros foram a resistência surda, e sábia, de um Brasil que enfim começava a se ver mais longe.

E uma visão de mundo vitoriosa, como felizmente se vê no Brasil de hoje, quando, entre outros, uma ex-guerrilheira se encontra com um ex-exilado para disputarem a presidência do Brasil.

[13/04/2010]

ZELIG À BRASILEIRA

Lula me lembra Zelig, o hilariante personagem do filme homônimo de Woody Allen, que vai se transformando fisicamente diante dos outros, para ficar parecido com eles. Como no "documentário" sobre Zelig, o tempo todo vemos nosso herói sorrindo com Obama na Casa Branca, falando sério em Copenhague, altissonante no Mercosul, companheiro na Bolívia, nobre em Buckingham, comunista em Cuba, católico no Vaticano e por aí vai. Segundo a tradição miscigenante da cultura brasileira, Lula, como Zelig, transforma-se camaleônico no que for preciso de modo a ficar sempre no mesmo lugar — é uma "metamorfose ambulante", como ele mesmo se definiu. Na lógica astuta do país, tudo se rege por um senso perpétuo de amortecimento de conflitos e adequação biológica ao meio ambiente.

Seu governo é a expressão de nada; o herói carismático se vê carregado nos ombros da mais azeitada e obediente máquina partidária do Brasil moderno, que funde um projeto messiânico-revolucionário com a burocracia democrática colocada a seu serviço, a cada dia mais esvaziada politicamente. A única ideologia que resta é uma política externa esfarrapada que dá tapinhas nas costas de Ahmadinejad e ruge furioso contra a eleição de Honduras, que poderia, pela simples força do bom senso, recolocá-la nos trilhos; que devolve em poucas horas à ditadura cubana dois atletas fugitivos e resiste tenazmente a extraditar para a Itália alguém condenado por crimes comuns num Estado de direito.* Fala em "pragmatismo" e perde todas as eleições em que se mete nos fóruns internacionais, enquanto ri na fotografia.

O imenso Brasil popular que veio à tona por força do Plano Real e do otimismo econômico dos anos 1990 parece ter encontrado em Zelig o seu mantra político-religioso. O que fazer com o povo brasileiro que, súbito, está nas ruas, de celular na mão direita e tacape na esquerda? Nada a estranhar nos maços de dinheiro enfiados em cuecas e bolsos do DEM e do PT, abençoados por rezas compungidas de ladrões sinceros — como Lula se apressou a dizer, são cenas "que não falam por si".** Afinal, o país de maior mobilidade social do mundo é também o único em que um deputado fraudando um painel de um Congresso Nacional vai se tornar em pouco tempo, inocente, governador do Distrito Federal.

Nada melhorou em nenhuma área. A educação básica patina nos seus piores índices de sempre — enquanto se abrem dezenas de universidades federais prontas a ocupar o rabagésimo lugar de relevância sob qualquer critério. A lógica que nos arrasta é a da mendicância e a do pátio dos milagres — empresários mendigos, políticos mendigos e povo mendi-

---

* O cronista faz referência, de um lado, à deportação de dois boxeadores cubanos que, durante o Pan-Americano de 2007, no Rio, desertaram da delegação do país, tentando permanecer clandestinos no Brasil; e, de outro, ao chamado caso Battisti, em que o italiano Cesare Battisti, condenado como criminoso comum na Itália por sua atuação guerrilheira nos anos 1970, e apesar de grande clamor internacional em contrário, acabou recebendo asilo político do governo brasileiro. Esse último fato é comentado em mais detalhes adiante nesta seção, na crônica "Battisti e a geração de 68".

** Numa gravação de câmera escondida divulgada à época, envolvidos em corrupção no Distrito Federal, ao repartirem entre si os lucros do esquema, rezavam juntos em agradecimento.

go, esperando de boca aberta e mão espalmada o sorriso de Silvio Santos a jogar dinheiro na plateia. Faltava um bom ator para o papel — o próprio Silvio Santos até que tentou, mas levou uma rasteira jurídica mais esperta ainda na alvorada de Collor. Agora, Lula é o cara.

[15/12/2009]

LULA E A MÃE

Em um de seus inflamados comícios de campanha, o presidente Lula declarou, ao lado de sua candidata, que "governar qualquer um governa; o que o Brasil precisa é de alguém que cuide dele, de uma mãe". A primeira parte do raciocínio mal esconde um modo curioso de, discretamente, desfazer de sua candidata, já que, para governar, qualquer um serve — por que não ela? Mas a segunda parte revela, atrás do pitoresco típico de sua linguagem, de forte apelo popular, uma representação cativante do poder que remonta às raízes do Brasil. Em outras palavras, a ideia de que o Estado é um prolongamento da família, uma imagem aliás recorrente nas metáforas de Lula. Sim, uma imagem com sabor de povo, mas exatamente o mesmo conceito se encontra na clássica frase do elitista Ruy Barbosa, uma figura ornamental da cultura brasileira que pode ser acusado de tudo, exceto de iletrado: "A pátria é a família ampliada."

A pátria tem muitas formas e vestimentas, até a célebre "pátria de chuteiras" na expressão de Nelson Rodrigues. Mas a reincidência histórica de sua identificação com os valores da família não é apenas pitoresca; é, de fato, uma ideologia de Estado que vamos encontrar tanto nas barbas paternais de Dom Pedro II, que tinha um "grande carinho" pelos escravos, até o "pai dos pobres" do século 20, Getúlio Vargas. A disseminação de ditaduras em meados do último século — Stálin, Franco, Hitler, Mussolini, Getúlio, Perón, a lista é imensa — reforçou-se sempre na imagem do "pai da nação", aquele senhor sábio que, na cabeceira da mesa, pela autoridade paterna indiscutível, leva a família pelo bom caminho. Não se discute à mesa, nem se ergue a voz contra o pai. Quando o presidente choraminga que a imprensa o destrata, ele dá voz a uma nostalgia atávica do "pátrio poder" contra os "filhos ingratos". Quando o pai decide, não se discute — ele sempre quer "o melhor" para nós.

Ocorre que o Estado moderno só passou a existir quando destruiu o seu pressuposto familiar; o Estado, hoje, tem de ser o contrário do que é a família. Não pode jamais ser regido por laços de sangue, parentesco, hierarquia familiar, proteção de clãs, privilégios de berço, direito à herança. O Estado tem de ser a regulação abstrata de leis, o que pressupõe, necessariamente, a autonomia adulta de indivíduos, não a tutelagem familiar. Quem precisa de pai e mãe é criança; o cidadão precisa de presidente e de governo, ambos renováveis periodicamente (ao contrário das famílias, que são eternas). O mundo civilizado aprendeu a duras penas essa diferença. Imagine-se um candidato alemão, francês, americano ou sueco dizendo aos eleitores que eles "precisam de uma mãe" e veja-se o resultado nas urnas. Seria um bom modo de descobrir o grau de maturidade política de um país.

[17/08/2010]

LULA, POPULISMO E LINGUAGEM

Os linguistas que estudam a relação entre linguagem e visão de mundo certamente encontrarão nas palavras de Lula um bom material de estudo; e, centrando-se nas formas de expressão do populismo, terão outro terreno fértil para teses. Chamam a atenção em todas as manifestações de Lula (públicas ou privadas, como sua observação a um garoto no Rio, sem saber que era filmado, de que "tênis é coisa de burguês") uma acachapante ausência de abstração e o exemplo "na lata", a percepção popular de um instantâneo que se compreende como o brilho de rastilho de pólvora. De certa forma, ele sempre diz o que a maioria do povo, culta ou inculta, diria em situação relaxada, como numa conversa de bar — é aquela "primeira coisa que vem à cabeça" no âmbito dos amigos ou da família, falando uma língua que apenas aceita palavras, imagens, relações lógicas, sintáticas ou semânticas, que pertençam a esse âmbito. Enquanto a candidata Marina diz que "temos de mudar a narrativa", uma frase incompreensível para 80% da população, Lula diria "temos que acabar com essa história de..." — e qualquer coisa que ele fale depois já está "em casa".

Essa é a parte formal da empatia. Quando chegamos ao conteúdo, o ouvinte já foi capturado pelo tapinha nas costas e a substância da fala passa a ser irrelevante. Há pouco ele declarou que, se achar alguma coisa errada no governo da Dilma, ele "pega o telefone e diz — olha, isso tem de ser assim e assado". O "pegar o telefone e dizer umas boas" é outra imagem brutalmente concreta para o ouvinte — todo mundo na vida já "pegou o telefone" e disse umas boas para o encanador, o tio, a sogra, o síndico. O fato de que um ex-presidente prometa se comportar como a Salomé de Chico Anysio, habitante de uma espécie de casa da mãe joana, passa a ser irrelevante — o ouvinte já foi tranquilizado por uma fala que o impediu de pensar. Do mesmo modo, Lula vai resolver o problema dos barraqueiros de Salvador, porque, como ele diz, "Quando eu sair da presidência, eu vou ter que vir na praia e quando eu quiser uma cervejinha gelada e não tiver dinheiro no bolso ele vai lembrar, este Lula fez algo para mim e fica por conta da nossa amizade". A política se reduz a uma piada entre amigos, o que é bem melhor do que ter de lidar com a dura abstração das leis ou com um projeto para o país. Não é só o pitoresco do calor da campanha — Lula inteiro é assim. Pelo verbo, transformou uma das mais ineptas políticas externas da história do Brasil numa glória carnavalesca sem nenhuma relação com os fatos. Mas o bordão — "Agora somos respeitados lá fora!" — tranquiliza, como o ressentido do bairro que resolveu no grito um problema na vizinhança.

Símbolo da esquerda brasileira, o populismo de Lula ao mesmo tempo paralisou-a. Todos os discursos nascem mortos diante da unanimidade de um país que, esvaziado de ideias, parece ter realizado enfim a utopia apolítica da conciliação total.

[07/09/2010]

BATTISTI E A GERAÇÃO 68

Um dos temas cruciais para entender o mundo de hoje são os efeitos do que representou a chamada geração 68. A partir de movimentos estudantis anárquicos de classe média, originados na França, uma espécie de revolução não organizada espalhou-se pelo mundo, com consequências que foram desde a proliferação da luta armada como política de contestação de governos até uma mudança radical de costumes, da moda masculina dos cabelos compridos à implosão da família nuclear tradicional.

A explosão do final dos anos 1960 foi um evento com toques irracionais. A geração de jovens mais bem tratada da história do Ocidente, criada na esteira de desenvolvimento e prosperidade que se fez após a Segunda Grande Guerra, resolveu chutar o pau da barraca e mudar o mundo. Na escala da vida cotidiana, pesava a tensão emocional de jovens vivendo sob a pressão de pais com uma densa memória do sofrimento da guerra e da carência. Um velho mundo cultural, familiar, político e religioso ainda de substância agrária alimentava uma nova juventude urbana de massa, já desvinculada de sua própria história, que súbita irrompeu. Na escala política, a Guerra Fria ocultava, pela violência bruta da política externa americana, o que estaria de fato em jogo; milhões de pessoas ainda achavam sinceramente que a União Soviética era uma boa ideia, dando alimento ao fantasma confortável das utopias. Em nome delas, queimam-se livros, matam-se infiéis, suprimem-se os diferentes.

Entre nós, no Brasil e na América Latina, a luta armada foi um erro político alimentado pelo delírio da época, mas com um ingrediente poderoso que a justificava: a delinquência de Estado. Ao romperem com a ordem legal, em golpes armados, as ditaduras latino-americanas legitimaram a violência da reação. Os governos ilegais chamavam de "guerra" o que era de fato a simples expressão de seu horror aos empecilhos da democracia. Casos completamente diferentes foram os movimentos clandestinos europeus, particularmente impactantes na Itália e na Alemanha. O paradoxo é que lá se vivia um período de legitimidade política, democracia e liberdade como nunca houvera. A explosão juvenil que ocupou as ruas nos legou conquistas culturais que sem dúvida mudaram o mundo para melhor. Mas criou também pequenos grupos defensores da luta armada que, ainda herdeiros radicais e esquizofrênicos da revolução de 1917 e contra toda a lógica do tempo, lançaram-se em ações isoladas e delirantes. Imaginando-se políticas, foram ações apenas homicidas, como nos romances proféticos de Dostoiévski. O caso Battisti é um dos respingos obsoletos daquela era. O Brasil, firulas jurídicas à parte, fez o costumeiro papel de paraíso exótico da delinquência. Battisti certamente será mais um reforço para os filmes B em que o país, entre risos, aparece tradicionalmente como refúgio seguro dos criminosos internacionais.

[21/06/2011]

NOTAS SOBRE O FIM

A morte da minha mãe, nos seus 89 anos, há um mês, foi daqueles choques emocionais e existenciais que de tempos em tempos nos dão uma súbita consciência da própria fragilidade, da densidade da nossa solidão e de nossa breve medida das coisas, se é que se pode definir assim o modo com que olhamos a vida e o mundo. O choque veio mais da imagem, ou de uma certeza íntima, de que minha mãe viveria mais de 100 anos, pela sua energia e disposição (um dia antes saiu de casa lampeira para fazer seu recadastramento de aposentada), de que pelo súbito e inexorável fato biográfico, que afinal obedeceu à lógica implacável da natureza.

É esta lógica simples que nos desafia e nos desconcerta. De repente, parece que amadurecemos dez anos em um dia. A nossa cultura tem uma relação muito difícil com a morte, uma relação fugidia e escamoteante. Não que essa percepção seja fácil para qualquer ser vivente, de qualquer ponto do mundo, de qualquer cultura, religião, letramento ou classe social, mas aqui parece que não conseguimos desenvolver armas para lidar com a ideia da morte, além de um balaio de chavões e lugares-comuns. São válvulas de escape, bastante funcionais, é verdade. Nada contra elas — um mundo sem lugares-comuns para a gente se refugiar seria insuportável. Mas permanece sempre um buraco negro que não se resolve facilmente, que não se entrega a uma explicação escapista. E é preciso lembrar que os fatos nunca são idênticos em diferentes momentos da vida. Até os 30 anos, a morte não existe, é um fenômeno dos outros, um evento dos filmes, da televisão e dos livros; daí aos 50, ela passa a ser ponderada como um objeto interessante de auto-observação filosófica, mas ainda sob controle, como se a aritmética ainda estivesse do nosso lado. Depois disso, começamos de fato a ficar sozinhos com a ideia do fim.

As culturas "mítico-comunitárias", em que o indivíduo é menos importante que a família, a comunidade, a religião ou mesmo o Estado, podem ser um desastre político, etnicamente criminosas, intelectualmente messiânicas ou modernamente inviáveis, mas elas dão um sólido anteparo à solidão. Dissolvendo-me na multidão familiar, tenho a ilusão de dar um sentido superior à existência, a valores "mais altos" do que eu mesmo; de certa forma, são culturas que nos livram da noção de responsabilidade pessoal, culturas circulares que infantilizam, que apenas reafirmam eternamente a si mesmas. Mas, pelo menos no Ocidente, vivemos já há alguns séculos sob a civilização do indivíduo, ou pelo menos em sociedades centradas na noção do valor do indivíduo e de sua liberdade. Esse fundamento individual abriu um horizonte fantástico de transformações culturais e sociais; mas, do outro lado do espelho, ele nos arrancou da segurança da tribo, esvaziou seus rituais e nos deu a angústia das escolhas.

[16/08/2011]

IMIGRANTES

Em 1975, fui um trabalhador ilegal em Frankfurt, na Alemanha. Embora proibissem a contratação de estrangeiros sem documentação legal ou autorização oficial para o trabalho, havia uma imensa demanda de mão de obra em atividades não especializadas. Bastava uma mentira piedosa qualquer, prometendo os tais papéis para breve, que o candidato era imediatamente contratado.

O primeiro emprego, no Hospital das Clínicas, foi uma aventura arriscada que deu certo. Sem dinheiro para voltar a Portugal, onde eu estava instalado, fui aceito sem muitas perguntas, e logo vi de perto uma outra Alemanha que não tinha nada a ver com os romances de Thomas Mann que eu levava na cabeça. Na verdade, eu passava minhas 12 horas de trabalho sem praticamente ver alemães. O meu chefe era um argelino. Convivia com portugueses, árabes, turcos, espanhóis, iugoslavos. O ambiente de trabalho era quase sempre agradável, e nunca me esqueço das sacolas de marmelada, pão caseiro e garrafas de vinho com que as senhoras portuguesas me presenteavam por ser um "doutor de Coimbra", quando eu sequer tinha entrado numa sala de aula na universidade fechada por conta da Revolução dos Cravos (o que eu tentava inutilmente explicar). Em toda parte falava-se uma língua que era uma mistura eficaz de sons, gestos e palavras avulsas em várias línguas. No final da semana, eu recebia um envelope com o pagamento em dinheiro vivo — sete marcos por hora trabalhada, uma grana respeitável para um bicho-grilo daqueles tempos. Nunca precisei assinar um recibo.

Em pouco tempo percebi o abismo que havia entre a sociedade alemã e o mundo dos imigrantes. Eram apenas trabalhadores, não cidadãos — aliás, não eram cidadãos de país nenhum. Muitos estavam lá há mais de vinte anos e não sabiam duas frases de alemão, o que parecia a regra geral dos imigrantes, todos vivendo em guetos — e que já vinham de guetos de sua própria terra, como os camponeses de Portugal. De certa forma, essa foi a regra dos países europeus ricos, que acabaram fazendo do isolamento do estrangeiro pobre uma espécie de "cada um na sua", segundo a clássica formulação multicultural, que recusa a integração em nome do respeito à diferença. A França é uma exceção, pelo seu esforço político de fazer valer os velhos princípios iluministas de um Estado laico, obrigatórios para todos, de olho assustado na disseminação muçulmana. Mas nada parece dar certo — e o fantasma das antigas "tribos" (expressão usada pelo norueguês fanático que assombrou a tiros e bombas o paraíso nórdico) continua destroçando a utopia de uma nova Europa.

O trabalho imigrante vem varrendo o chão da sociedade do bem-estar europeu há décadas (no meu período em Frankfurt, jamais vi um alemão carregando um balde e uma vassoura), mas agora o sistema ameaça entrar em colapso. Sim, as raízes são todas econômicas, porém o nó verdadeiramente duro de desatar é cultural.

[23/08/2011]

A ALDEIA E O MUNDO '

É uma temeridade sair do quintal, passar uma semana no outro lado do mundo e se pôr a falar sobre o que nunca se viveu — e mais grave ainda a simulação de Marco Polo quando vivemos no tempo da comunicação instantânea. Mas impressões não pretendem mais que isto, sentir na pele sem teoria e conversar à solta, que é a vida do cronista. Pois vai lá: o Japão é *realmente* impressionante. A primeira sensação que tive foi de que aqui, enfim, o comunismo deu certo, até me bater na cabeça que a Terra do Sol Nascente é também, e principalmente, o paraíso do capitalismo. Em Tóquio, tudo é de uma limpeza quase assustadora, um relógio tranquilo em perpétuo movimento — e se dias atrás eu falei, bocudo, do silêncio de Frankfurt, é porque não tinha ideia do que é realmente o silêncio. Viadutos aqui têm tapumes com tratamento acústico — e se o pedestre se afasta das avenidas amplas onde jamais ouvi uma buzina, entrando no que lembra ruelas perdidas de um vilarejo com florzinhas à janela, espaços mínimos que se aproveitam, aqui e ali uma cerca de Chico Bento, um café discreto, um sininho ao vento, muitas bicicletas, e pessoas que, se falam, falam baixo. Em torno desses núcleos tranquilos, vivem os 37 milhões de habitantes da região de Tóquio.

As estranhezas prosseguem: achar um endereço é uma álgebra difícil, num mundo que só se explica por ideogramas inescrutáveis, uma maneira delicada de me definir analfabeto. O inglês, ao contrário do que eu pensava, aqui é língua de exceção; entrando num táxi, leve um mapa e aponte o dedo

— a não ser que você domine japonês, a mímica será inútil. (E não tema: o motorista jamais rodará um metro a mais para levá-lo aonde você precisa ir.) Parece que o endereçamento começa pela região, dali à quadra, que não obedece a nenhuma lógica sequencial, e então ao prédio ou casa, que também se define (para nós) ao acaso. Ruas não têm nome — é como se eu morasse no Alto da Glória, quadra 17 (que fica entre as quadras 4 e 92), prédio 5 (ao lado do 78). Fácil?

"Esses romanos são uns loucos", dizia Obelix, que nunca veio ao Japão. Bem, alfabetizar-se no Japão significa dominar muitos sistemas gráficos. Exemplo: no computador, você digita em letras latinas "Sekka-tei" e o processador de texto joga na tela os ideogramas (eu sempre matutava como seria um teclado japonês, para dar conta de seus milhares de signos — pois é igual ao nosso). É um mundo que não prevê gorjetas — e onde o guarda sinaliza o moderníssimo trem-bala, impecável no seu uniforme e suas luvas brancas, move o bastão luminoso em gestos ritualizados com dignidade de samurai do século 14. Se há alguma conclusão, é que a vida cotidiana parece antes obra de uma densa cultura comunitária que de variáveis políticas, sociais ou econômicas determinantes — a aldeia sempre se defende delas.

[06/11/2012]

A NOVA CHINA DO VELHO MAO

A primeira sensação que tive ao desembarcar na China — além de me espantar com a imponência futurista do aeroporto — foi sentir algo de brasileiro no chinês. Logo esqueci o silêncio e a perfeição japoneses e mergulhei numa espécie de Brasil dos anos 70 (ninguém usa cinto de segurança, fuma-se em toda parte), e percebe-se alguma coisa do nosso jeito: o chinês fala e ri alto, é extrovertido, fura fila, buzina e grita com volúpia, tudo sob uma transparente inocência camponesa. Na rede do metrô, que é humilhantemente moderna, massas de chineses se movem, se empurram e se espremem, todos dedilhando celulares. São milhões de chineses saindo do campo para a cidade — e a capital, Pequim, ou Beijing, é uma imensa planície ao lado de um deserto, onde não se encontra mais nada do que seja "autêntico" (tudo é *fake*), e de onde brotam centenas de prédios moderníssimos, espigões de espelhos, numa ostentação assustadora de riqueza e, aqui e ali, de acachapante mau gosto. Shopping centers ocidentais se multiplicam, sempre em escala gigantesca e numa impressionante perfeição de granito, escadas rolantes, logotipos internacionais e música ambiente, enquanto do lado de fora lojas de devedês vendem cópias piratas de filmes do mundo inteiro. Não há casas nem quintais em Beijing, vítimas de uma insaciável terraplenagem imobiliária que vem fazendo a riqueza dos novos-ricos e dos velhos corruptos. Caminhar na cidade é uma experiência emocionante — em avenidas imensas, milhares de carros do ano, triciclos elétricos e bicicletas, além de massas de pedestres sem direção, cruzam-se sob buzinas, sinais vermelhos e verdes que nada significam e guardas inúteis apitando nas esquinas. As motos foram proibidas, há rodízio, e só circulam carros de outras cidades sob condições especiais. A ironia é que esse capitalismo selvagem está sendo coordenado, estimulado e desenvolvido pelo mais poderoso Partido Comunista da Terra. Com detalhes surpreendentes de controle: na internet, não há Facebook, e o Google não abre. E por onde quer que se ande, sente-se o sopro atento do Estado policial.

É difícil decifrar o espírito chinês. O tradutor que me acompanhou à Universidade de Hebei, na cidade vizinha de Baoding, repetiu o mantra: "Não podemos cometer o mesmo erro da União Soviética." Decidiu-se oficialmente que Mao — o dirigente que matou mais chineses na história do país, e cuja Revolução Cultural representou um dos maiores mergulhos na barbárie que ocorreu no século 20 — teria sido 70% bom, 30% mau, um cálculo inescrutável. "Ele cometeu erros como qualquer ser humano." Debaixo da neve, fui vê-lo na Praça da Paz Celestial. Lá está o corpo preservado de Mao, o rosto plácido e indiferente, exposto num salão imperial à visitação semirreligiosa de uma fila infinita de chineses. A China um dia terá de decidir, enfim, o que fazer com seu legado.

[13/11/2012]

A CULTURA DA RAPINA

Por que as pessoas não saem todas, em massa, assaltando os supermercados, colocando produtos nos bolsos, ou roubando bolsas dos outros nas festas, ou levando carros dos distraídos, ou quebrando vitrines com porretes, ou arrancando mochilas de crianças, ou enfiando as mãos nos caixas, ou entrando nas casas das velhinhas para tirar as joias? Porque existe polícia, certo? Errado. As pessoas não roubam compulsivamente umas às outras porque foram educadas para isso. Há o peso monumental de uma cultura que nos ensina, antes mesmo que a gente aprenda a falar, que o alcance da nossa mão tem um limite que deve ser respeitado.

A polícia não existe para garantir o funcionamento dessa cultura; ela existe, em tese, apenas para os momentos excepcionais em que o fio da cultura se rompe. Ela deve ser acessória, complementar, periférica. Apenas nas ditaduras mais totalitárias o papel da polícia busca o controle total do comportamento. Em Estados democráticos, isso não faz sentido.

Até porque, especulando livremente, se a metade da população resolvesse num rompante sair à rua para roubar, quebrar, dilapidar, demolir e agredir, nenhuma polícia do mundo seria capaz de controlar, a menos que resolvesse matar a torto e a direito, mas até isso teria um limite. Revoluções violentas são feitas mais ou menos assim, quando a maior parte de uma nação, ou um segmento significativo dela, resolve quebrar os liames de uma situação estabelecida, para implantar uma nova ordem. Vide a Líbia. Mas revoluções verdadeiras não são motins; são mudanças radicais de culturas, o que tem um outro estatuto.

Eu só queria chamar a atenção para a lógica da rapina. Podemos concordar que o Brasil anda um país muito violento, que os assaltos são uma calamidade pública e que é arriscado sair à noite em qualquer cidade do Brasil — mas, apesar de tudo, não ocorre a ninguém que a maioria da população seja ladra ou assassina. Isto é, para a felicidade geral da nação, o peso da cultura que defende uma convivência pacífica de respeito mútuo entre os cidadãos ainda é incomparavelmente superior à sua contrapartida.

Apenas numa área de atividade a equação se inverteu: a rapina política se tornou a lógica disseminada da maioria dos seus, digamos, usuários. A norma parece que é a subtração, sendo os "honestos" pequenos e ridículos gatos-pingados. O número de meliantes em ação nas Assembleias, Câmaras e no Congresso Nacional, nos ministérios e nas repartições, em toda parte — fazendo uma ponderação entre o que acontece, as medidas tomadas e os efeitos penais respectivos —, me leva a concluir que, na área política, a defesa do larápio é sempre mais tonitruante, rápida e efetiva do que a ação da polícia. No máximo, perde-se o cargo, mas nunca os anéis. O que faz sentido, quando uma cultura determina o que, de fato, deve ser defendido.

[06/09/2011]

"FICÇÕES"

A SOMBRA

Às vezes acontece, e não é o chato da praça fazendo graça com os passantes: você está tranquilo andando na calçada meio vazia e percebe que, súbito, tem alguém ao seu lado andando exatamente no mesmo ritmo, com as mesmas passadas e na mesma direção. Você disfarça o olhar, confere se é homem ou mulher, se é conhecido (nunca é) e então, discretamente, muda o passo, a pernada mais curta e um tantinho mais lenta (para não dar na vista) e deixa o breve fantasma ir adiante. Por quê? Porque é esquisito você andar lado a lado, no mesmo impulso, com um completo desconhecido que o acaso jogou ao seu lado e ao deus-dará das calçadas. Não pelo medo do assalto ou do assédio (embora esse ataque eventual também seja um temor verdadeiro, sempre mais ou menos presente) — é o medo do duplo, da sombra, de alguém igual, de um outro que respira o mesmo ar e imita cada gesto seu. Há um desespero de liberdade que repudia aquele intruso mental que desembarcou do nada para fazer sombra aos passos que você dá. É preciso livrar-se dele.

Às vezes você muda a tática. Como ambos estão lentos e absortos — o mesmo movimento de braços, direita, esquerda, direita, esquerda —, você percebe e resolve acelerar, dando um discreto arranque com um jeitão de quem procura urgente um número na rua, não, não é aqui, deve ser ali adiante, e dispara, olhando para o outro lado até chegar bufando à esquina, de modo que a sombra fique para trás. Você confere a figura de vento com o rabo do olho e descobre que ele não está mais nem aí — está vendo vitrine, parando de repente como quem esqueceu o guarda-chuva na casa da tia ou atravessando a rua distraído. Respiro de alívio.

Outras vezes há um processo terrível ao contrário: você sente que é você o perseguidor, que, por uma sucessão absurda de esquinas dobradas, interrupções involuntárias, velhinhas de que você desviou, sinais fechados e sinais abertos, um novo modelo de ventilador a pilha na lojinha de importados que mereceu sua atenção às três da tarde, e assim, como quem não quer nada, de repente você se vê perseguindo alguém, andando no mesmo ritmo da pessoa, imitando os gestos dela, avançando a perna esquerda no exato instante em que ela avança a perna esquerda, e em seguida a outra, com a precisão de um metrônomo: o que esta moça vai pensar?! Você diminui o passo instintivamente, e ela, também instintivamente, diminui o passo para livrar-se de você, e a angústia prossegue maior, agora é você a sombra que ameaça; você acelera, e ela, inadvertida, faz o mesmo, já claramente em pânico, certa de que você não vai largá-la, não como se você fosse um simples palhaço de feira a se divertir na rua, mas sim um psicopata imprevisível com um punhal oculto.

Sem solução, você para, volta-se rápido e atravessa perigosamente a rua em diagonal no meio dos carros, tentando livrar-se da própria sombra.

[13/03/2012]

HISTÓRIA DE AMOR

Conheceram-se em maio de 1978, na João Gualberto, numa manhã de sábado. Toninho esperava com um grupo a saída das meninas no colégio estadual, entre elas Isabel, até que o inspetor os expulsasse do muro amarelo. Dois meses depois, parece que dançaram numa festa do Círculo, e trocaram um beijo na sombra. Ela lembra sempre (lembrou-se especialmente em 1985, ao noivar, num surto agudo de melancolia); ele, não — e uma vez, dez anos depois, já engenheiro, lamentou-se por nunca tê-la tocado, mas deu uma gargalhada na roda de amigos, mudando de assunto, para desfazer o peso da lembrança.

Isabel se casou com um primo em terceiro grau, que conhecia de infância. Era para ser advogada, mas o diploma — a formatura foi no Guaíra, e depois houve um jantar em Santa Felicidade, chatíssimo — restou inútil na gaveta. O primo era rico, e ela feliz — "Como nas novelas", Isabel brincou na despedida do filho mais velho, que ia para a Europa (de onde não voltou, cidadão italiano). Passaram-se anos, três mudanças de cidade, a volta a Curitiba, uma casa num condomínio, a morte de um neto e a separação tardia, curiosamente sem drama — ela descobriu que o primo tinha uma amante há vários anos, num apartamento próximo ao Passeio Público, e assinou o divórcio com um suspiro de alívio. Isabel ficou bem — quase um bilhete de loteria, ela ria, quando lhe perguntavam, escondendo a ansiedade difusa. Uma hora a vida tem de começar, desejou ela, aos 47 anos, pensando em entrar numa academia, o que não fez — decidiu estudar Letras na PUC.

Toninho abriu uma firma com um amigo assim que se formou. Fez algum dinheiro nos anos 1990 com um conjunto de sobrados na periferia emergente. Casou com a irmã do sócio e teve um filho seis meses depois da cerimônia. Na segunda gravidez da mulher, apaixonou-se por uma paulista da área bancária, também ela casada, que o arrastou de Curitiba. A filial que abriu em São Paulo quebrou em oito meses, e a empresa faliu — o divórcio foi mais um dos itens da ação judicial em que os sócios soçobraram. Num encontro fortuito no Bar do Hermes, os cunhados trocaram murros; alguém dissuadiu Toninho de — nariz quebrado — registrar um BO. O filho e a ex-mulher desapareceram de sua vida. Começou de novo, agora num escritório alheio; e alugou um apartamento sem garagem na Marechal.

Esbarraram-se numa esquina da Mariano Torres, esperando o sinal abrir. Isabel reconheceu-o imediatamente, e quase estendeu a mão, sorrindo, mas ficou verde para os pedestres e todos avançaram com pressa. Ele contemplou aquele rosto que parecia vagamente familiar, tão próximo, e achou bonita a figura, os passos elegantes. "Tinha um rio sob esse asfalto. Você lembra?", ela disse súbita, tocando-lhe o ombro e apontando a rua, e ele concordou, intrigado — e lembrou-se.

[27/05/2008]

NOTÍCIAS DO ANO DE 2139

Foi recebido com festas em Manaus o elegante sueco Ollof Höllstrom, diretor-presidente do consórcio escandinavo que arrematou a Amazônia no leilão internacional destinado a torná-la o maior Parque Temático do Mundo. Depois do plebiscito local que aprovou a internacionalização por 93% dos votos e contou com o apoio maciço do Grupo das Nações Caboclas e Indígenas (GNCI) da região, o Governo de Transição já procedeu à transferência de fundos que despejará 400 bilhões de novas patacas em obras de infraestrutura, apenas no primeiro ano. Prevê-se que em 2140 a Amazônia já esteja recebendo um contingente mundial de 5 milhões de visitantes/ano, que poderão percorrê-la em tubos magnetizados de alta velocidade, e participar de visitas virtuais às atrações amazônicas. Os hotéis ficarão suspensos a 50 metros da Área Natural Reflorestada, e todas as cidades da região serão isoladas do parque, transformando-se em pontos de reabastecimento e lazer. Haverá monitoramento diário da produção de oxigênio. O GNCI — hoje representado pelo Comitê de Valorização da Vida Natural, com sede na Mongólia — ficou satisfeito com o acordo, que lhe permitirá, entre outras vantagens, a exploração de cassinos em reservas especiais, em cogestão com os caciques da República de Nevada, na América do Norte, detentores dos direitos sobre o *franchising* global.

O Consórcio Chinês foi desabilitado da licitação pela Central Única das Nações porque já controla o Parque Temático Centro-Africano, que ocupa grande parte da África e vai do oceano Atlântico ao oceano Índico, o que lhe vedava concorrer pela cláusula pétrea da livre concorrência (conhecida por "Selo Adam Smith"). Ficou fora do acordo o tenso Enclave Paraense, ainda sob a virtual presidência de Juvenil Maria Barballo, líder da temida MM, a Milícia Militante que recentemente declarou a independência da região e está reivindicando reconhecimento junto à Central das Nações. Seu grande trunfo até aqui tem sido a exploração de poços artesianos no deserto do Pará do Sul (que engloba a Fazenda Tocantins e parte do antigo Maranhão), pertencentes à família do líder, que fornecem água potável à população remanescente a preços competitivos.

Sobre as notícias de que a implantação do Parque Amazônico levará a uma invasão de trabalhadores ilegais vindos das fronteiras do Velho Brasil, Höllstrom demonstrou tranquilidade, do alto de seus 2 metros: "Nosso consórcio está interessado em implantar Parques Etnotemáticos em todas as regiões do continente. Ninguém ficará desempregado." Em Brasília, a compra foi recebida com festa pelo *lobby* escandinavo, com protestos do *lobby* chinês, que promete conseguir a anulação do processo, e com discreta satisfação pela ativa bancada dos Senadores Honoris Causa, que garantiram cadeira no Conselho Amazônico, por enquanto sem direito a voto.

[08/07/2008]

ENTREGA

Acertou com o colega que ele mesmo levaria os envelopes na entrega do Batel, se tudo desse certo — e imaginava-se atravessando o belo portal de vidro com passos lentos em direção ao balcão. Pensava aflito no que dizer, mas não teve tempo. Uma chamada rápida para a Vila Hauer; o amigo foi. Agora estava sozinho no pátio. Se aparecesse algo em outro bairro, ele talvez perdesse a chance. Fez figa, bateu três vezes na madeira, olhou o tempo: cinza, mas sem chuva. Lembrou pela milésima vez e buscou as palavras — talvez anotar. Não. Seria ridículo ler em voz alta. Súbito, uma entrega urgente na Tiradentes, e suou frio. Tinha de ser rápido, ou o colega voltaria e talvez fosse chamado.

A moto virou a Marechal Deodoro no amarelo, subiu voando antes que o próximo sinal fechasse e chegou tranquilo a tempo de descer, entregar o pacote e voltar pela Santos Andrade; só um sinal fechado, e uma raspadinha num retrovisor (como um toque na pele; ele sentia sem ver). Ao voltar, conferiu a caixa: não foi nada, tudo bem. Nem tirou o capacete, pressentindo o chamado próximo. Talvez pedir logo ao Freitas: "Deixa o Batel comigo." Melhor não — daria bandeira. Alguns minutos e chamaram de novo: Batel. Era lá. Aquela entrada bonita, que subia fazendo curva, e ele descia da moto como o Cavaleiro Negro, as pernas compridas, a águia no peito, a entrada triunfal no hall de vidro, de filme de ficção. Ao tirar o capacete, sempre sacudia a cabeça para ajeitar o cabelo. Não pensou mais nisso. A 125, a sua querida titanzinha, saiu queimando borracha do pátio, o escapamento nervoso. Pegou a rua, trançou alguns carros, virou a esquina, e lá está ele na Marechal antecipando o quarto sinaleiro aberto adiante, ele bem no meio do asfalto, tudo dando certo como num jogo de Tetris, carros passando, abrindo e fechando, e ele fazendo a linha perfeita entre eles. Passou em frente à Zacarias com perfeição; um carro dobrou a esquina abrindo um vão por onde ele cruzou em diagonal, já saindo lá adiante na frente do ônibus. Em seguida, duas quadras de rua praticamente vazia — e ele arrepiou, por alguns segundos pensando em nada, subindo em direção ao Crystal.

No vermelho, o coração batia forte, a mão engatilhada no ponto exato, olhos fixos na luz verde, uma espera de Fórmula 1, até arrancar de um pulo. Virou a esquina inclinado e retomou a força da máquina com prazer — era logo ali. Passou pelo portão aberto, a entrada felizmente vazia, e a poucos metros já podia ver a mulher amada pelo vidro imenso, tranquila atrás do balcão. Talvez ela acenasse. Não, dessa vez não, mas quando ele entrou com o envelope ela sorriu, maravilhosa, feliz por vê-lo ali, ele sabia.

— Você é a mulher da minha vida — sussurrou, ao entregar o pacote.

— Você diz isso pra todas — ela respondeu, baixando os olhos.

E o pior é que não era, ele pensou sem dizer, encabulado — era só pra ela mesmo.

[15/07/2008]

O LIVRO CLANDESTINO

Despachar ou não despachar a maleta? É melhor levar na mão, nessas viagens curtas, ele pensou, mas, vítima de uma indecisão, resolveu despachá-la no *check in*. Antes de entregá-la, tirou o livro que estava lendo: *A língua absolvida*, de Elias Canetti, um belo livro de memórias, num volume de capa amarela, a mesma cor da passagem que o funcionário solícito lhe estendeu. Ele pensava no livro, aquele menino vivendo nos Bálcãs no início do século 20, falando ladino, uma língua latina em vias de desaparecer, e vivendo a infância entre velhos judeus sefardins e ciganos, entre búlgaros e turcos, preces e maldições. Criança, morre de inveja da vizinha que já vai à escola e lhe mostra o caderno cheio de letras, que ele ainda não entende.

Tinha ainda hora e meia para o voo. Nova indecisão, olha em torno e vê a livraria escancarada e colorida. Feliz, avança para lá — vai fazer a ronda das lombadas, conferir lançamentos, admirar capas bonitas, ler trechos ao acaso, passar pelas manchetes de jornais e revistas, mas — mas ele está com um livro na mão, um livro nu. Não pode entrar na livraria. Imediatamente os funcionários vão persegui-lo com o olho, certos da má intenção daquele livro, ainda por cima novo, sem nota fiscal, assinatura do dono ou dedicatória — nada! Prevê: em dois minutos alguém perguntará se ele vai comprar o livro que tem na mão, e que ele tenta inutilmente disfarçar. Imagina até uma prisão em flagrante — "O senhor não pode sair daqui sem pagar o que pegou!" E ele não vai conseguir provar que o volume é dele. "Vejam, senhores, eu entrei aqui

com esse livro. Podem conferir na câmara que grava tudo"
— e olhará para o teto, atrás de um *big brother* do bem.

Para e pensa: um envelope, um saco plástico, algo para
esconder o livro. Onde conseguir? Na farmácia, ora! Agora é
uma questão de honra entrar na livraria. Basta comprar alguma coisa e ele ganhará um saco plástico. Ensaia mentalmente
o que dizer: "A senhora pode colocar esse livro junto?" Mas
junto do quê? Investiga o balcão e as prateleiras atrás de algo
útil para dor de cabeça — paracetamol, quem sabe aspirina;
dizem que um ataca o fígado, outro, o estômago. Melhor o
fígado. Lê aqueles nomes bizarros de remédios, enfileirados
por ordem alfabética, sob o olhar intrigado da atendente. Enfim se decide e vai para o caixa, feliz. No cálculo do troco,
distraiu-se; e havia gente esperando. Ao voltar ao hall do aeroporto, descobre que o saco plástico é ideal para os compri-
midos, mas o livro — ele confere — não cabe nele. Olha irri-
tado para a livraria inacessível, tenta ainda enfiar o livro no
plástico, que rasga, e ao juntar do chão a caixinha de remédio
recolhe também a passagem, que caiu do bolso. Era só meia
hora de espera, ele percebe o engano, e corre aflito para o
embarque com a velha sensação de sempre de que deixou
algo importante para trás.

[17/03/2009]

FLAGRANTES DE BEATRIZ[*]

Era uma bela manhã em Curitiba, como diria um romancista do século 19, abrindo um capítulo, pensou Beatriz no elevador, com a lista dos livros na mão — mas teria de mudar a cidade, Paris, muito provavelmente, ou quem sabe Viena ou Berlim, já entrando no século 20, uma vez que não há belas manhãs em Londres, só chuva e nevoeiro, é o que dizem e escrevem — mas que bobagem, eu praticamente jamais saí de Curitiba, e ela saiu à rua com bons sentimentos na alma. Um dia bonito, sim, o céu azul, e a temperatura amena, ela escreveu mentalmente, e enquanto andava inventariou distraída suas próprias viagens: algumas vezes em São Paulo, duas vezes no Rio de Janeiro, incrivelmente nenhuma vez em Florianópolis (exceto quando era tão criança que não restou nada), mas uma em Porto Alegre, por conta do marido, e Beatriz sorriu, não do marido, mas da viagem, que foi agradável como uma lua de mel, a única que tiveram. Houve uma excursão a Recife, de cinco dias, tão longínqua que também parecia da infância, e de que lhe restou pouca lembrança, além do sotaque das pessoas que ela ouvia quase sorrindo de curiosidade, aquela música da fala. E aí pipocaram na memória, atravessando a praça Santos Andrade, outras mil viagens miúdas, para Vila Velha, Lapa, Caiobá, Morretes, Paranaguá, uma esticada a Foz do Iguaçu, e dali ao Paraguai, de onde

---

[*] A crônica antecipava aos leitores da *Gazeta do Povo* parte do conto "O homem tatuado", então em progresso e mais tarde incluído no livro de ficção lançado mais recentemente por Tezza, a coletânea de contos *Beatriz*.

trouxe a máquina fotográfica que tem até hoje, e da qual a amiga lhe disse há duas semanas, quase um escândalo: mas só tem 2 megas! E houve, é claro, aqueles 15 dias em Barcelona, a convite da amiga catalã que se foi para não mais voltar. Pensou em fazer uma lista das cidades que conhece; e outra com as cidades que precisa conhecer. Cruzou a praça Generoso Marques dizendo a si mesma que precisaria viajar logo, o quanto antes, para um grande número de lugares — ela queria conhecer Nova York, Paris, Londres, Roma, São Petersburgo, Gdanski (de onde, diz a família, veio seu bisavô), Pequim — e o que mais? Se não viajasse logo, logo perderia a vontade e ficaria para sempre em Curitiba. É que — e a vista da catedral distraiu Beatriz, perdida no mapa mental, imaginando onde seria o sebo que ela descobriu na internet e lembrando da clássica fotografia de um zepelim que veio de longe para cruzar o céu de Curitiba, milênios atrás, todos os chapéus olhando reverentes para o alto. Preciso viajar de zepelim, ela cantarolou e conferiu a catedral — só um dos relógios funciona, é uma catedral pesada, mas no entorno da praça fica bonita pelo simples fato de ter mais de 50 anos, ela concluiu lembrando da monografia a fazer, o que eu sei de arquitetura? Ninguém mais sabe, disse o professor: vivemos em cidades horrendas que brotam de lugar nenhum; os prédios são monstrengos sem DNA. Entrou por acaso na Saldanha Marinho e súbito estava com *A interpretação dos sonhos* na mão, será mesmo esse o sebo que eu vi na internet?

[10/08/2010]

Este livro foi composto na tipografia Slimbach, no corpo 10/14,5,
e impresso em papel off-white 90g/m^2,
na Yangraf.